JN061565

増補改訂

ヴィヒャルト千佳こ先生と「発達障害」のある子どもたち

事例から学ぶ
その実際と理解・支援の手引き

柘植書房新社

目　次

はじめに

最近では「発達障害」とか「自閉症スペクトラム」ということばは、巷でもかなりよく聞かれるようになりました。しかし、そのイメージは決して良いものではありません。

以前は「ちょっと変わっている」「おとなしい人」などでしたが、その後、彼（彼女）らは「努力の足りない人」「協調性のない人」と言われてきました。そして最近は陰で「空気が読めない」「アスペ」などとささやかれています。

今回、「社会適応が難しい変わり者」「ズレている」などというレッテル貼りのようなアスペクトではなく、基本的に正しく発達障害を理解していただきたく、この本を上梓しました。

そもそもどうしてそうなのか、という生理的な視点でみることにより、基本的なことが明らかになり、短所の反対の長所もわかり、また、どうすればよいかの方策も見え、「直そう」という無駄な努力をする必要がないことも理解できるでしょう。

発達障害、特に自閉症スペクトラムは、外界をみるとき、定型発達の人とはまったく異なる見方をしていることがわかります。

謎が解ければ、理解が進みます。これらの知見を知らずに発達障害を理解することはできません。

発達障害については、何よりも、早期発見、早期介入が大変重要です。また、将来を見据えた支援がなくてはなりません。早期の介入があるかないかで、本人の一生が変わります。幼少期から、基本的に生理的なレベルの理解があり、早くに適切な方向性も見いだせれば、本人の苦労を大幅に減らせるでしょう。そして間違った方向へ導いてしまうことを防ぐことができます。ある程度の年数がたっていると、軌道修正にエネルギーや時間がかかるばかりではなく、何よりも自己肯定感の低下、被害感の固定化など本人のメンタリティーにこれは大きく影響します。そして、社会にとっても損失になります。

もし、我が子がそのように診断されたならば、やはり多くの親は落ち込み悩みます。精神科のクリニックを、うつや何らかの精神的不調で受診する女性の多くが、子どもの発達障害の問題を抱えている現実があります。「なぜ、我が子が…」と、五体満足で知的にも大きな問題がないのにと受け入れられないのは当然でしょう。将来への不安、産んだ責任などさまざまな思いにさいなまれます。保護者への支援も重要な課題です。

なお、個人情報の保護の観点から、本書に掲載されている事例はすべてご本人の承諾を得るか、個人が特定されないよう配慮しました。

さて、これをお読みになった多くの人が「これは私だわ」と思われることも多いでしょう。筆者にもADHD（注意欠如・多動症）の傾向が顕著に見られます。発達障害は特別なことではありません。はっきりしたエビデンスがないとは言え、どんどん増えているようです。これは全世界的な傾向です。あなたも私も「発達障害の時代」に入っていくかもしれません。

今、特に技術の面で、世の中は、日進月歩を通り越して、あまりにも速いスピードで変化をしているため、人類はついていけていません。しかし、自閉症の特徴と、現在発達している技術とには親和性があります。自閉症スペクトラムの人びとの多くが、これらの世の中の技術を発明しています。私たちは彼らのお陰で便利な生活を送ることができているのも事実です。彼らは世の中を牽引し、切り開いていってくれるパイオニアとなっているとも言えます。彼らの出現は進化かもれません。彼らの将来に期待します。

現在、採用されている診断基準にDSMとISDの２つがあります。それぞれ同じ障害でも診断名が異なります。本書では自閉症群についてはもともと事例についている診断名あるいは自閉症スペクトラムの表記を用いております。

＊DSM-5：DSM アメリカ精神医学会による精神障害の分類（Diagnostic and Statistical Manual of Mental Disorders）

＊＊ISD-10：疾病及び関連保健問題の国際統計分類（International Statistical Classification of Diseases and Related Health Problems）

1

「発達障害」とは

❶ 生まれつきのもの。だから早期発見・早期支援を

図1　「発達障害」と概念図

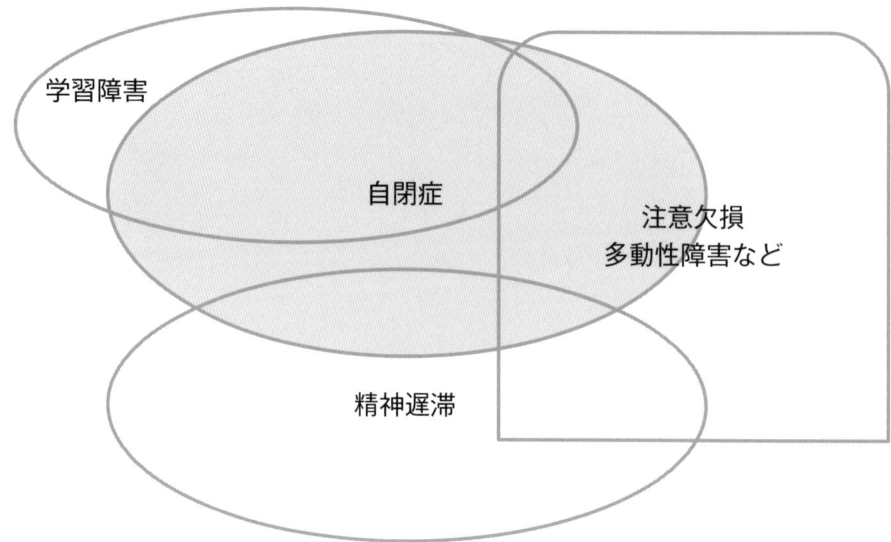

表1　DSM-5とICD-10

DSM-5	ICD-10
神経発達症／神経発達障害群 • 知的能力障害 • コミュニケーション症群 • 自閉スペクトラム症 • 注意欠陥･多動症 • 神経発達運動症群 • 局限性学習症 **秩序破壊的･衝動抑制･素行症群**	**精神遅滞** **心理的発達の障害** • 会話および言語の特異的発達障害 • 学習能力の特異的発達障害 • 運動機能の特異的発達障害 • 混合性特異的発達障害 • 広汎性発達障害 • 他の心理的発達の障害 • 特定不能の心理的発達障害 **小児期および青年期に通常発症する行動および情緒の障害** • 多動性障害 • 行為障害 • 行為および情緒の混合性障害 • 小児期に特異的に発症する情緒障害 • 小児期および青年期に特異的に発症する社会的機能の障害 • チック障害 **通常、小児期および青年期に発症する他の行動および情緒精神障害、他に特定できないもの**

＊DSM-5：DSM アメリカ精神医学会による精神障害の分類（Diagnostic and Statistical Manual of Mental Disorders）

＊＊ISD-10：疾病及び関連保健問題の国際統計分類（International Statistical Classification of Diseases and Related Health Problems）

発達障害の定義としては「発達期に生じて一生持続する心身の機能不全の存在」となっています。発達期ということですが、現在は、発達障害の原因となる脳神経ネットワークの問題はその形成期である周産期にさかのぼります。したがって、「おぎゃー」と誕生した時、すでに発達障害の特徴を有しているということになります。脳の器質的な問題であり、最近は脳のどの部分が関係しているかなどのマッピングも徐々にわかってきました。

このように、発達障害は養育環境でつくられるものではありません。虐待などのよくない養育環境で発達障害風になることはありますが、それはストレスで脳の発達が阻害されたために起こる知的障害、情緒障害ということになります。

生まれつきということになりますので、本人にとって認知特性の何がどれくらい定型発達の人と違っているかということは、最初はまったくわからないでしょう。最初だけではなく、成人になっても気がつかない場合も多いと言えます。本人にとっては、もともとこのようなものなのです。

こうなりますと、現実社会でうまくいかない時に、なぜそのような不具合が起きたかの因果関係がわからず、見当違いな原因探しをし、他者や環境、社会のせいにして社会に恨みを抱くような悲劇にもつながります。だからこそ、早期発見、早期介入・支援が必要なのです。

発達障害、特に自閉症スペクトラムの人は以前もいたはずでしたが、今ほど問題が顕在化していませんでした。自閉症スペクトラムのお子さんをお持ちの親御さんに会うと、基本的にはお子さんと瓜二つの自閉症の傾向をお持ちの方が多いのですが、親御さんの場合、一応、学校時代を過ごし、社会に出て立派に数労していらっしゃる方がほとんどです。どうしてでしょう。

社会の仕組みが変わり、より自由度の高い世の中になりました。枠組みや基準、こうすべきなどというものが良い意味でも悪い意味でも曖昧、自由になりました。このことは、自閉症スペクトラムの人を大いに混乱させる一要因と言えます。しかし、これだけで幼いお子さんの問題がこれほど多く、大きくなることは考えられません。

デジタル化がすすみ、世の中2進法でアルゴリズム的になりました。これは自閉症スペクトラムの人の思考方法と高い親和性があります。これのせいでしょうか。目下、発達障害の原因は、遺伝、化学物質（環境ホルモン：ダイオキシン、バルプロ酸、殺虫剤の成分のデルタメトリンなど）、人工授精、出生時の低体重児、父親の高齢化などともいわれておりますが、それだけで説明がつくのでしょうか。いずれにしても、現実では、この発達障害、特に自閉症スペクトラムの問題が、

表2　ステージ別トラブル度（トラブル度＝適応の悪さ）・本人のストレス度

	小学校	中学校	高校	社会人
精神遅滞	+++	+ または−	− または+	− または+
AD／HD	+++	+ または−	− または+	− または+
自閉症スペクトラム 対人希求の低い	+	+	+または−	+++
自閉症スペクトラム 対人希求の高い	+ または−	++	++++	++++

今の世の中で一つの大きな課題になっていることは認めざるを得ません。

❷ 支援計画・方法は、同じ診断名でも一律ではない

ところで、発達障害は同じ診断名でも一人ひとりその様子がかなり異なります（**表2**）。それは知的レベル、もともとの性格傾向、そして二次障害（**49ページ参照**）の有無、程度、その出現の仕方などの違いによります。

したがって、支援計画はその人独自にカスタマイズしたものでなければなりません。

この支援計画はまず、「みたて」「いつ何を目標にするか」「目標達成に対するプラン」「必要なリソース」などについて本人、保護者も含めて一緒につくりあげるのが理想です。そして、その目標が達成できないときは、そのつどに計画の見直しが必要になります。

発達障害において、基本症状は出生時から亡くなるまで変わりませんが、人生のステージによって臨床像が変わることがあります。乳幼児では生物学的な発達障害の基本的な特徴が顕著にみられます。学童期ではADHD（注意欠如・多動症　**28ページ参照**）のような行動特徴がめだちます。

思春期になりますと、この時期は同年代の中で自己を確認し自我同一性を確立していくことが重要になりますが、社会性が低く、コミュニケーションの不得意な自閉症スペクトラム（**33ページ参照**）は多くの場合、仲間づくりの失敗を経験し、対人関係の課題が明確になります。仲間の中で浮いたり沈んだり、社会で生きづらさを感じる場面が増え、悩みも深くなります。

成人期では、発達障害を持つその人の知的レベル、メタ認知（自己理解）や環境要因で、発達障害の人の中でも格差がめだつようになります。大変うまくいっている人と社会からドロップアウトした人がでてきます。

幼少期の養育環境で不幸にして良くない体験が数多く蓄積された場合は、思春期前後からは二次障害が大きくなり、自己肯定感の低下、被害的認知などが高頻度で観察されます。また、思春期以降、認知のズレ、二次障害による妄想などから、統合失調症様状態を呈すこともあります。

2

これを知れば「発達障害」がわかる

――基本的特徴について

発達障害には基本的にさまざまな特徴があります。それらはすべて脳の構造の問題に起因します。脳の神経ネットワークのコネクションが良くないとも言われています。偏桃体が大きい、小脳が小さい、などということもあるようです。質も程度（量）も人により違いがあり、同じ診断でもその臨床像が異なります。

❶ 知覚異常

発達の偏りがあると感覚的に、非常に敏感あるいは鈍感な場合がしばしばみられます。これは知覚刺激に通常機能しているフィルターがうまく働いていないことや閾値の違いなどが原因ではないかと言われています。日常、多くの刺激を受けながら人は生活していますが、必ずしもキャッチした刺激をそのまますべて感じているわけではありません。通常、人は必要な刺激を選択しています。

視　覚

例えば、あるものを見たとします。その時、目的のものについては焦点が定まり、くっきりはっきり見えますが、その周囲はボケて見えます。そのおかげで、ターゲットにしているものの情報がたやすく入力でき認識されるのです。もし、この時、周囲のものもはっきり見えてしまうと、余計な情報も入ってきてしまい、必要な情報を選択するのに余計な手間暇がかかってしまいます。そして、正しく情報が認識されない事態が起こりやすくなります。発達障害ではこのようなことが起きているのです。

視覚の場合、視線の動きは大変重要です。注視しているときに、目がそれやすいのは、後述するように、眼球を止めている筋肉のコントロールがうまくいかないことも関与しています。視線が定まらず、動体を追うこともコントロールができずうまく追えないことがあります。

聴　覚

これと同じようなことが、聴覚、触覚などでも起きます。駅の雑踏の中で友人とおしゃべりしているとき、定型発達の人は友人の声のボリュームを上げ雑踏の音を小さくして聞いているのです。だから、友人と話すことが可能になります。しかし、このフィルターのような機能が、発達障害の場合、うまく働かないことがあります。

また、人として聞こえる音域が、定型発達の人と異なることもあります。通常聞こえないような音が絶えず聞こえるということです。

これらのために、発達障害では日常生活で大変な苦労を強いられることが多いことがわかります。周囲のあらゆる方向からさまざまな音が飛び込んできて、収拾がつかなくなってしまうのです。よく自閉傾向のある子どもが、教室の中で耳ふさぎをしたり、「うるさーい！」と叫んだりしている光景が見られます。うるさいのが恐怖になり自分で大声を上げ、周囲の音を消そうとしている子どももいます。騒音は耐え難いと自閉症スペクトラムの人たちは言っています。

鉄道が好きで鉄道会社に入った自閉症の男性は、業務中での耳栓使用の許可を会社に得ようとしましたが許可されず、退社を余儀なくされたというケースがあります。

触　覚

このようなケースがありました。小学３年生の女子は下着の腰部分のゴムがうっとうしくて下着を着けずに登校していました。また、足に何かがさわる感覚が嫌で、靴下が履けず上履きも履けず、つめえりの制服も着られないので不登校になった中学生男子は、教育委員会の主宰する適応指導教室（不登校の生徒が通う教室）に、雪の日にもビーチサンダルを履いて通っていました。

さらに、特に首、手首、足首は触覚的に敏感で、その部分の締め付けは苦痛に感じられることが多いようですが、自閉症傾向を持つ30代の女性は寝るときに布団をかけることができませんでした。首の部分に布団の縁部分が触るのに耐えられなかったからです。そのためにいつも布団を頭全体からかぶって寝ており、酸欠になって慢性的な頭痛に悩まされ、頭痛を主訴に、クリニックに通院していました。

就学前の子どもでは、プラスチックのすべすべした部分を頬にスリスリしているのを見かけることがあります。これは肌合いを楽しんでいるのです。

また、小学校では、こんなことがありました。人のぬくもりを求めている人懐こいという評判の低学年の子どもがいました。しかしよく観察すると、もち肌の先生にしがみつき、先生の肌を撫で回しているのです。この子どもが求めていたのは、人の心のぬくもりではなく、人肌の触り心地だったのです。

クリニックを訪れたある親の話にも、同じようなことがありました。その母親は、息子が赤ん坊のころから撫で繰り回され、それを大変不快に感じて、息子に対して生理的に拒否感まで抱いてしまったと言います。「まるで痴漢にあったよう」とまで言っていました。

べたべたした糊がつけられず図工の課題ができないという、療育センターに通っている園児がいました。どんなに先生に糊をつけるように言われても、どうしても糊に触ることができません。このような場合は、スティック糊の使用を認めるなどの合理的配慮が必要なのは言うまでもありません。

触覚過敏の場合、周囲からなかなかわかりにくいという特徴があります。「まさかそんな理由で…」と他の人には予想外だからです。

また、過敏の逆の鈍感もよくあり、何ヶ月も下着を変えない、濡れたままの衣服でも平気などの場合があります。取り替えなくても、本人はまったく平気なので、決まり、ルールとして身につけてもらう方法以外ないでしょう。

臭覚

見落とされことが多いのが、臭覚過敏です。

「教室がいや」という小学３年生。「何がいやなの？　友達？　勉強？　先生？」「全部違う。におい」と言った女の子がいました。特に給食の食缶を開けた時のムッとする匂いがたまらなくいやとのことでした。

乗り物酔いをしやすい年長児はバスの車内の匂いが苦手とのことでした。

障害者就労の移行事業所で、ある女性はある男性の衣服の柔軟剤の匂いがつらくて、その移行事業所をやめました。

臭覚過敏の人は実は多いと思われます。何が原因かよくわからないときには、「匂い？」と尋ねてみることが必要です。

気象への過敏

気圧や温度、湿度についても敏感である子どもがいます。

小学４年生の自閉症スペクトラムの男児は、天気予報よりも正確に、雨の前日にパニック状態になります。熱さ、高湿度の下では普通の人でもイライラしやすいものですが、その程度が大きいことが多いようです。教室の温度管理などは、かなり重要なポイントになります。

一方、鈍感な場合もあります。暑い日にフリースを着ている子、極寒の中でTシャツ、短パンをはいている少年などを見かけることがあります。

これらについては、体温調節機能の働きがよくないからという説もあります。

★知覚の問題は定型発達の人には何でもないことでも、発達障害の人にとっては耐え難く、「合理的配慮」が必要な課題です（106ページ参照）。

「合理的配慮」とは、障害のある人が他の人同様の人権と基本的自由を享受できるように、物事の本質を変えてしまったり、多大な負担を強いたりしない限りにおいて、配慮や調整を行なうことです。（国連憲章より）

❷ 睡眠・覚醒障害

保育園での午睡がうまくいかない子どもが最近増えています。そしてこの子どもたちのほとんどに自閉症などの発達の偏りが見られます。なかなか寝ない、なかなか目が覚めない、寝覚めが悪い、寝覚めにずっと泣いているなど、さまざまな問題がありますが、寝つかない子どもの場合、家でも同様に、夜、なかなか寝ないということで、一日の睡眠時間が大変短い場合もあるようです。

反対に、昼間の活動時間に爆睡し起きてこない子どももいます。この場合、生活リズムの乱れがあるのかの吟味が欠かせませんが、家庭ではきちんとしようとしているのに、まったくリズムが定まらない場合はやはり睡眠障害ということになります。

小学校の廊下でエビぞりになったまま熟睡している自閉症スペクトラムの１年生の男子を見たことがあります。試しに起こそうとしてみましたが、まったく起きませんでした。

ある男子高校生は授業中にいびきをかいて寝てしまい、教科の先生に厳しく指導されていました。この高校生は後に医療機関に行き、広汎性発達障害だとわかりました。

アスペルガーの20代の女性教師は管理職から指導を受けた後、保健室のベッドで１時間あまりぐっすり寝てしまいました。会議中、上司の前で寝ている30代の軽い自閉症傾向の会社員もいました。

なお、ADHDの主な特徴に、覚醒レベルの低さがあります。

また事例のように自閉症スペクトラムでも、日中の眠気の訴えは少なくありません。

＊広汎性発達障害、アスペルガー、これらは以前の診断名ですべて自閉症群です。

❸ 優位感覚

通常、ものを覚えるときに、人は自分の得意な感覚があります。ある人は目で見て覚え、ある人は耳で聞き覚え、また書いて覚えるのが一番という人もいます。このように普通の人でも感覚の得手、不得手はありますが、発達障害の場合、この差が極端であることが知られています。

幼稚園、保育園では一斉指導をしても聴覚的には問題ないのに、指示に従えない子どもがよくいます。聞いていないのです。一方、一度聞いたコマーシャルソングを正確に再現する子どももいます。

目で見たことは決して忘れず細部にわたって写像のように覚えている場合もあります。「あれはあの本の何ページの何行目に書いてある」などと正確に言い当てます。

また、授業は全部耳で聞き、いっさいノートを取らずに覚えたというADHDの小説家がいました。さらに、ある音楽大学出身の演奏家は、一度聴いたら曲のすべてを覚えて暗譜で演奏できるとのことでした。

この優位感覚の著しい群はサバン症候群と呼ばれています。

これらはそれぞれ長所や短所になり、学習障害の大きな背景にもなっています。大事なことは、その人自身が自分の特徴を把握しているかどうかです。これは優位感覚に限ったことではありませんが、学校教育の中でこれを知っていると知らないとでは大きな差が出ます。自分の不得意な学習方法を強いられた場合、成績が伸びないばかりか、自己否定が強くなり精神的にもマイナスです。

本人が自分の得手・不得手を知っているかいないかは、その人の人生を左右する大きなポイントです。

❹ 感情のコントロールのわるさ、生理的なイライラ感

発達障害では生理的にイライラしやすく、感情のコントロールの悪さがあります。

脳の神経ネットワークのコネクトの問題、領域間のコネクションが良くないこと、特に自閉症スペクトラムでは前頭葉と他領域のコネクションの悪さが指摘されています。このためか、一つのことにこだわりやすく、切り替えがうまくいかず、見方を変えることがなかなかできないというようなことが起こります。これが感情のコントロールの悪さやイライラにつながることは言うまでもありません。ムカついた場面で見方を変えようと思ってもなかなか変わらず、嫌な思いはよけいに強くなるばかりなのです。

また、感覚過敏もイライラの原因になります。自閉症スペクトラムの人が言うには、感覚過敏ほどつらいものはないということです。

身体機能でも、思うように指先が使えず細かい作業ができない、作業に時間がかかる、あるいは運動技能において、他者のようにうまく身体を動かせないなどのもどかしさを感じているなどもつらいことです。どれも快ではない体験です。

また、ADHDでも生理的にイライラしやすいといわれています。ADHDでは頭の中に次から次へと、いろいろなことが自然に思い浮かび（ポップコーン現象）、どれを先にやればよいか混乱し、一つのことに落ちついてじっくり取り組めなくなることで、イラツキが生じます。

このように、もともと持っている生理的、身体的条件のために、生活上のさまざまな場面でさまざまな不適応を体験し、ストレスに絶えずさらされているということになります。

日常の何気ない場面でも、発達障害の人には、定型発達の人に比べていつも何倍もの負荷がかかり、それに耐えなければ普通のパフォーマンスができないのだということを忘れてはなりません。

ですから、何かあった時に少しの事でもキレることがあるのです。

❺ 筋肉運動の問題

発達障害は運動機能に問題があることがわかっています。特に前庭覚と固有覚に問題があります。小脳が小さくバランスがとりにくい場合もあります。

前庭覚

前庭覚は重力や回転、加速度を感じとる感覚で、受容器は三半規管と耳石器で、以下の機能があります。

ａ．覚醒の調整：覚醒を促す
ｂ．筋緊張の調整：重力を感じる
ｃ．目の運動：目を安定させる筋肉をコントロールする
ｄ．姿勢調整（バランス）
ｅ．自律神経系
ｆ．情緒の安定：情緒の安定をさせる

この前庭覚に問題があると、次のような問題が観察されます。

- 高さや動きに対して過度な恐怖や不安を感じることがある。
- 前庭覚を感じとりにくい子どもは刺激の不足分を補おうとして、くるくる回る、ピョンピョン跳び続ける、たくさん動き続ける、などの感覚遊びを好む。
- 授業中に姿勢をまっすぐに保てないことがある。体幹の筋緊張の低さ。
- 目の運動がぎこちないため、文字を読み飛ばす、文字を写すことが難しい、文字を覚えられない。
- ボール運動などが苦手。
- バランスが悪く、運動のぎこちなさがある。転倒しやすい。

固有覚

一方、固有覚は、目を閉じていても筋肉や関節の動きを感じとれる感覚です。姿勢や運動に関する情報を脳へ伝えます。そして以下の機能があります。

a．力加減の調整
b．手先の器用さ
c．ボディーイメージ
d．覚醒の調整
e．多動

これらは筋肉の発達、筋肉運動の調節、力の入れ加減、運動企画、感覚統合、身体イメージ、体幹、構音障害、粗大運動、微細運動、協応動作、手指の巧緻性、嚥下、咀嚼（そしゃく）、声の大きさの調整などさまざまな身体の問題に関係する現象です。

感覚の発達のモデルとして、エアーズによる**表3**が有名ですが、感情などにもこれらはつながっています。

表3　感覚行動発達のモデル（エアーズ1979年）

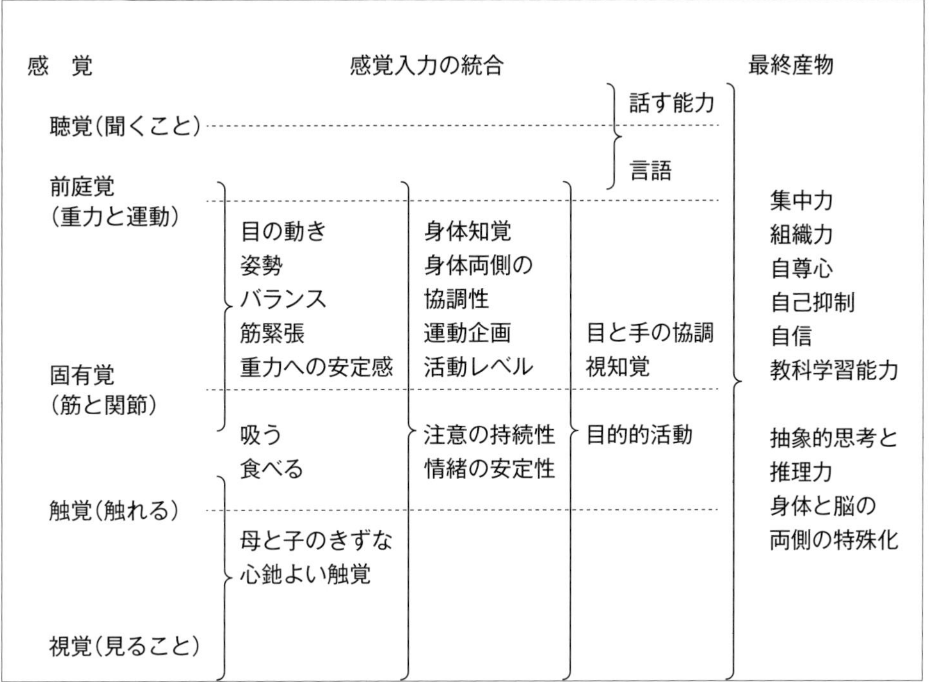

感情の明細化が不得意な発達障害は、そもそも感情の手前に身体機能の問題があるのでしょう。

幼児の感情を育てるときに、よく、身体感覚を伴う運動とともに「オノマトペ」（擬音・擬声・擬態語）で接することが重要と言われますが、これも無関係ではないでしょう。

例：手を叩きながら、「ぱんぱん」という
　　両手を持ってジャンプさせながら「ピョンピョン」という

これらの生理的特徴を理解していると、発達障害のさまざまな特徴に対する理解が深まり、行動の予測もできます。

3

発達障害には
どのようなものがあるか

表4（再掲）に見るように、発達障害にはさまざまなものがありますが、それらは重複している場合が多く見られます。

表4　DSM-5とICD-10

DSM-5	ICD-10
神経発達症／神経発達障害群	精神遅滞
・知的能力障害	心理的発達の障害
・コミュニケーション症群	・会話および言語の特異的発達障害
・自閉スペクトラム症	・学習能力の特異的発達障害
・注意欠陥・多動症	・運動機能の特異的発達障害
・神経発達運動症群	・混合性特異的発達障害
・局限性学習症	・広汎性発達障害
秩序破壊的・衝動抑制・素行症群	・他の心理的発達の障害
	・特定不能の心理的発達障害
	小児期および青年期に通常発症する行動および情緒の障害
	・多動性障害
	・行為障害
	・行為および情緒の混合性障害
	・小児期に特異的に発症する情緒障害
	・小児期および青年期に特異的に発症する社会的機能の障害
	・チック障害
	通常、小児期および青年期に発症する他の行動および情緒精神障害、他に特定できないもの

図2（再掲）「発達障害」と概念図

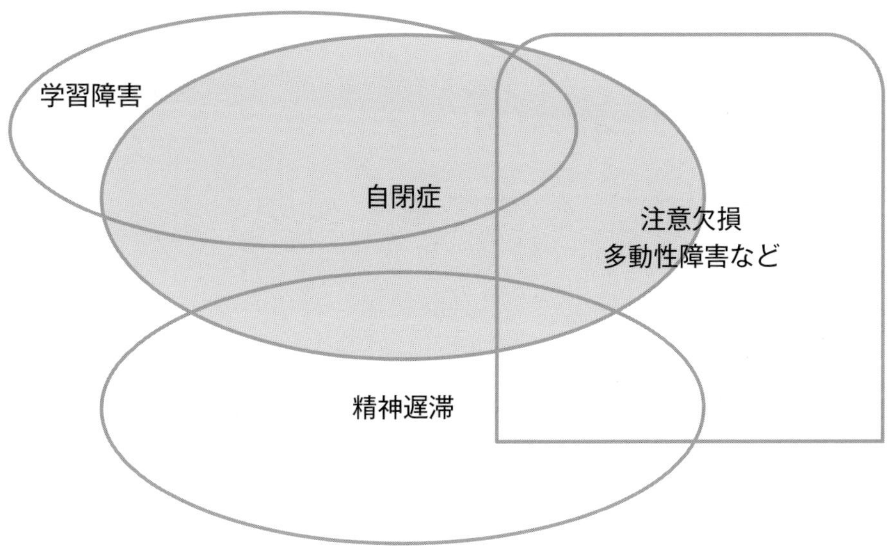

自閉症スペクトラムでは、そのうちの28〜44%にADHD（注意欠如・多動症）がみられ、チック症は14〜38%、運動障害は79%、そして知的障害の併存は約45%にのぼるといわれています。

全般的に発達障害では重複する人が多いと言えます。

しかし、その中でも自閉傾向があるのかどうかは大事なポイントになります。もし自閉傾向があるならば、社会で生きていくときに、かなりの適応の難しさを伴うことが予想されますので、注意深く見立てることが欠かせません。

自閉傾向には、定型発達の人に対するのとは全く異なる支援方法があります。その選択を間違わないようにするためにも、自閉のあるなしは重要なポイントになります。

また、よく見過ごされるのが精神遅滞（知的障害）です。これは、自閉傾向があると紛らわしく、反対に自閉傾向があると今度はまったく気付かないこともあります。しかし、精神遅滞は能力の限界があることを示しており、能力に限界があればおのずとアプローチが変わってきます。精神遅滞も見落としてはならない障害です。

❶ ADHD (Attention-Deficit／Hyperactivity Disorders) 注意欠如・・多動性障害

多動衝動性‥‥長じるに従って軽減することもある
不注意‥‥‥‥一生続く

- 発症率：3~7%
- 遺伝率：80%
- 前頭前野、尾状核、帯状態、サーキットの機能の問題
- ドーパミン・ノルアドレナリン神経系の機能異常

実行機能の問題
取りかかりが悪い
注意散漫
努力が続かない
感情面で激しやすくフラストレーションをためやすい
忘れっぽい
行動のコントロールがよくない。モニタリングができない
覚醒レベルが低い

表5　注意欠如・多動症／注意欠如・多動性障害　DSM-5

⑴および／または⑵によって特徴づけられる、不注意および／または多動性・衝動性の持続的な様式で、機能または発達の妨げとなっているもの:

⑴不注意:以下の症状のうち6つ（またはそれ以上）が少なくとも6ヵ月持続したことがあり、その程度は発達の水準に不相応で、社会的および学業的農業的活動に直接、悪影響を及ぼすほどである。

注:それらの症状は、単なる反抗的行動、挑戦、敵意の表れではなく、課題や指示を理解できないことでもない、青年期後期および成人（17歳以上）では、少なくとも5つ以上の症状が必要である。

ⓐ学業、仕事、または他の活動中に、しばしば綿密に注意することができないまたは不注意な間違いをする（細部を見過ごすケアレスミスの多さ、見逃してしまう。作業が不正確である）。

ⓑ課題または遊びの活動中に、しばしば注意を持続することが困難である（例:講義、会話、または長時間の読書に集中し続けることが難しい）。
講義、長い時間の読書に集中し続けることが難しい。

ⓒ直接話しかけられたときに、しばしば聞いていないように見える（例:明らかな注意をそらすものがない状況でさえ、心がどこか他所にあるように見える）。
うわの空になる。

ⓓしばしば指示に従えず、学業、用事、職場での義務をやり遂げることができない（例:課題を始めるがすぐに集中できなくなる、または用意に脱線する）。

ⓔ課題や活動を順序立てることがしばしば困難である（例:一連の課題を遂行することが難しい、資料や持ち物を整理しておくことが難しい、作業が乱雑でまとまりがない、時間管理が下手で締め切りを守れない）。

⑴精神的努力の持続を要する課題（例:学業や宿題、青年期後期および成人では報告書の

作成、書類に漏れなく記入すること、長い文書を見直すこと）にじゅうじすることをしばしば避けるまたは嫌々行う。

ⓖ課題や活動に必要なもの（例:学校教材、鉛筆、本、道具、財布、鍵、メガネ、書類、携帯電話）をしばしば失くしてしまう。

ⓗしばしば外的刺激（青年期後期および成人では無関係な考えも含まれる）によってすぐ気が散ってしまう。

関係ないことが頭に浮かんできて集中できない。

ⓘしばしば日々の活動（例:用事を足すこと、お使いをすること、青年期後期および成人では、電話を折り返しかけること、お金の支払い、会合の約束を守ること）で忘れっぽい。

⑵多動性および衝動性:以下の症状のうち6つ（またはそれ以上）が少なくとも6ヵ月持続したことがあり、その程度は発達の水準に不相応で、社会的および学業的職業的活動に直接、悪影響を及ぼすほどである。

注:それらの症状は、単なる反抗的態度、挑戦、敵意などの表れではなく、題や指示を理解できないことでもない、青年期後期および成人（17歳以上）では、少なくとも5つ以上の状態が必要である。

ⓐしばしは手足をそわそわ動かしたりトントン叩いたりする、またはいすの上でもじもじする。

ⓑ席についていることが求められる場面でしばしば席を離れる（例:教室、職場、その他の作業場所で、またはそこにとどまることを要求される他の場面で、自分の場所を離れる）。

ⓒ不適切な状況でしばしば走り回ったり高い所へ登ったりする（注:青年または成人では、落ちつかない感じのみに限られるかもしれない）

何か落ち着かない感じがある。

ⓓ静かに遊んだり余暇活動につくことがしばしばできない。

ⓔしばしばじっとしていない、またはまるでエンジンで動かされているように行動する（例:レストランや会議に長時間とどまることができないかまたは不快に感じる:他の人達には、落ち着かないとか、一緒にいることが困難と感じられるもしれない）。

ⓕしばしばしゃべりすぎる

ⓖしばしば質問が終わる前に出し抜いて答え始めてしまう（例:他の人達の言葉の続きを言ってしまう会話で自分の番を待つことができない）

ⓗしばしば自分の順番を待つことが困難である（例:列に並んでいるとき）

⑴しばしば他人を妨害し、邪魔する（例:会話ゲーム、または活動に干渉する:相手に聞かずにまたは許可を得ずに他人の物を使い始めるかもしれない、青年または成人では、他人のしていることに口出ししたり、横取りすることがあるかもしれない）。

B.不注意または多動性—衝動性の症状のうちいくつかが12歳になる前から存在していた。

C.不注意または多動性—衝動性の症状のうちいくつかが2つ以上の状況（例:家庭、学校、職場:友人や親戚といるときその他の活動中）において存在する。

例えば、家庭と学校、家庭と職場など

D.これらの症状が社会的、学業的、または職業的機能を損なわせているまたはその質を低下させているという明確な証拠がある。

E.その症状は、統合失調症または他の精神病性障害の経過中にのみ起こるものではなく、他の精神疾患（例:気分障害、不安症、解離症、パーソナリティ障害、物質中または離脱）ではうまく説明されない。

障害の特徴

☆覚醒レベルが低い。

➡じっとしているのに耐えられない。
不注意、うっかりミス、落とし物、忘れ物。
面倒くさい、気が散りやすい。
常に眠い。

☆幼少期は多動、衝動性が目立つが、その陰に別の発達障害（特に、自閉症スペクトラム、知的障害）が隠れていることがあることに注意。

☆注意や叱責をされることが多いので、二次障害として自己肯定感が低くなり、性格的にひねくれやすい。

☆ゲーム依存になりやすい。

☆本人は自分がどれくらい多動かわかっていない。

対　策

服薬で症状は軽減する。
目覚まし運動。

ADHDと覚醒レベル

覚醒レベルが低いと、考えていることはまとまらず、うまく物事に集中することができません。思考、行動のコントロールが悪くなるために不注意、衝動的な行動になってしまうと言われています。

ADHDの人の頭の中は、あれもこれもしなくちゃ、アっ、そーだ、こっちも忘れないように、あれっ、何か忘れている、なんだっけ？　思い出した、早くやらなくちゃ、どれから先に？　どうしよう、間に合わない、急がなきゃ、遅刻！　いけないあれを先に！など、いつも次から次へいろいろなことが気になったり、混乱したり収集がつかない状態です。定型発達の人が徹夜明けに味わう何をしてもまとまらない、混乱して落ち着きのない状態と同様と考えてよいでしょう。

現在、ADHDにはメチルフェニデートとノルアドレナリンに作用する数種類の薬があります。覚醒レベルを上げる薬を服用した小学５年生の男子は、頭の中がすっきりして実に良い感じと言っていました。今まではすべてが面倒くさく、億劫で何をしても中途半端で嫌になり次から次へ手を付けていたのが、やるべきことを順に丁寧に最後までできるようになったということです。あるADHDの医師も試しに自分が服用してみて、仕事がはかどり満足しているとのことです。

事　例

＊小学４年生の男子は、椅子に座りながら椅子の前脚をうかせ身体をきこきこ揺らしていました。その時の彼の独り言は「勝手に身体が動いちゃうんだよー」でした。
＊授業中しゃべりっぱなしの生徒
＊高校の体育のテニスで、ある女子高校生はボールが全くこないのにラケットを持ってあっちにうろうろ、こっちにうろうろと全く止まっているときがありませんでした。
＊幼稚園の年中の男子は、皆が座ってお絵かきをしているとき、すぐに立ち歩き、他児の絵を見に行ったり、他児の画用紙に勝手に描いてしまったり、目が離せません。
＊家のスリッパを履いたまま登校してきた女子高生

＊彼女はカウンセラーに仕事の話をしながら、手探りでカバンからハンカチやらボールペンやらを出したりしまったりしていましたが、手元を見ずに、カバンのどこでもよいからという感じで入るところに突っ込むように押し込んでいたために、ついに、ハンカチをしまうときに、ハンカチを床に落としてしまいました。しかし、彼女は全くそれに気づくことはありませんでした。
➡面倒くさがり、不注意

＊朝、出勤する忙しいときに、もうバスが来るから早くと焦っているにも関わらず、玄関に落ちたスリッパが目に入りそれを拾ってそろえたり、ポーチに出た時目についた鉢の花がしおれているのが気になり、台所に戻りコップに水を汲み花に水やりをしたり、そうこうしているうちにデッドラインの時刻になってしまったので、猛ダッシュでバス停まで走る。が、その時、リビングのテーブルにお弁当を忘れてきたのに気づくが、「時、すでに遅し」であきらめる。バスには乗れたものの、一日のエネルギーを走ったせいでほとんど使い果たし、その日一日ぐったりで仕事にならず。おまけにお弁当もなし。
➡目についたものに引っ張られる

事例　いきなりの飛び降り

彼氏と喧嘩をしたKさんは、カッとして

「飛び降りてやる!!」

といきなりマンションの窓を開けて、飛び降りてしまいました。４階だったのでそのまま下のコンクリートの駐車場に落ちれば、おそらく助からなかったと思われますが、幸い駐車場の屋根が２階ぐらいの位置までありそこにダイブしたのでした。足や腰の圧迫骨折をしたものの大怪我だけで済みました。

ADHDは感情のコントロールが悪く衝動的な行動を取りやすいので、自殺のリスクも低くないことが知られています。

❷ ASD (Autism Spectrum Disorder)

DSM-4のアスペルガー、高機能自閉は
自閉スペクトラム症になります

自閉症スペクトラム (DSM-5) **広汎性発達障害** (pervasive developmental disorders)

遺伝率：37〜90%

障害の特徴

☆脳の神経ネットワークの障害――特に前頭葉の障害

各脳領域間の連絡の悪さ

➡切替えが悪く、こだわりが強い　　イメージングが悪い

二者択一思考、シングルフォーカス（全体を把握することが不得意）

マルチタスクが不得意

☆人認識において定型発達の人と活性化する脳領域が異なる

人（生物）認識がうまくできない、人を物扱いしてしまう

➡共感性が低い、社会性が低い、「人」に興味のないことがある

☆ケースによって身体機能の問題

☆優位感覚と劣位感覚の差が大、能力のムラ

【社会性の障害】

- 対人関係を構築することが不得意
- 友達を作りたいがうまく作れない
- 他人とその相手とのふさわしい関係、距離感がよくわからない
- 「偉い人」がピンとこない
- 同年代と親密になれない
- 相手とどの程度親しくしてよいか、敬意を表したらよいか、わからない
- 共感性が低い

【コミュニケーションの障害】

- その場に適切な言葉を選べない
- 視線がうまく相手と交わせない
- 表情認知が劣る
- 非言語のコミュニケーションがわからない
- 言外の意が汲めない
- 自分の気持ちを表現することが拙劣
- 緘黙傾向があることも

【想像力の障害】

- イメージがわかない
- 抽象的なものについての理解が難しいことがある。優先順位がずれる
- 比喩がわからない（もし…だったら）などの話がわからない
- マイワールド、他人との相互的にやりとりのある遊びができない
- 先の見通しが立てられない
- 予定変更が苦手、臨機応変の対応ができない
- 興味関心の幅が狭く、ものごとへのこだわりが強くなる
- 行動的に同じパターンになりがちである。常同運動
- 気持ちのリセットがうまくできない
- アナログ思考よりデジタル思考である
- シングルフォーカス（部分理解）、コヒーレンス（一貫性、全体の統合性）の欠如、健忘の機能の問題
- 直観力が低い（ヒューリシティック〈厳密な論理で一歩一歩答えに迫るのではなく、直感で素早く解に到達する方法〉より、アルゴリズム（数学的解法）的アプローチになる）

事　例

＊中学２年生女子、学校の相談室での会話。「お父さんが昨日の夜、家に帰ったら、おねえちゃんがうちにいたから家にいなくて、お父さんは怒ってお母さんに電話かけてきて、聞いてたんだけどこわかった」。

カウンセラー「…？　おねえちゃんはうちにいたんだよね？…」。

「だから、うちとお父さんの家はちがうでしょ。別居してんだから」と女子生徒。

カウンセラー（そんなこと知らないに決まっているではないですかー）。

➡ **自分の知っていることは、他人も知っていると思っている（心の理論の問題）**

＊小学１年生男子。給食のとき、先生が「○○さん、おいしい？」と尋ねると、先生とは全く別のほうを見て、能面のような表情で「おいしい」と答える。

➡ **視線が合わない、顔の表情が不適切**

＊中学２年生男子、不登校。適応指導教室（教育委員会主宰）で、ある顔写真（明らかに悲しんでいる顔）を見せて「これどういう気持ちの顔かな？」と尋ねた教師に、「う〜ん、目が下がっている。口も下がっている」。「じゃあ、総合してどういう顔？」の問いに「う〜〜ん、わかんない」。

➡表情認知の問題。特に、悲しい顔とうれしい顔の区別ができない（怒りについてはわかる。これは世界的な傾向）。シングルフォーカスでパーツごとにはわかっても、全体をまとめることができないコヒーレンスの欠如のため

＊「ヴィヒャルト先生」という声にびっくりして顔を上げると、5センチくらいの距離に高校2年生男子O君の顔がある。

➡距離感がない。近づきすぎ‼

＊大学生Sさん、「ヴィヒャルトさんは白髪が多いですね」としみじみ言うが、顔には「悪気はない」と書いてある。

➡言われた人の気持ちがわからない、共感性の欠如（正直なんだけど…××）

＊中学校の相談室で中学2年生女子との会話。カウンセラー「世の中には越えてはいけない一線があるのよ」。「え!?　どこにあるんですか？　見えません」。

➡抽象概念の理解、イメージングの問題。見えないものはわからない

＊保育園で年中の子たちが公園の池のカモを見ている。「かわいい」と皆で見ていたが、ひとりの男児は同じように池のほうを見ているが、池の鉄柵の錆を見ていた。

➡共同注意の問題、皆と観点がずれる

＊小学2年生の女子（不思議ちゃんと呼ばれている子）が「この前はあの子たちと200メートル離れていたから聞こえなかったけど、今日は10メートル離れていたから私の悪口が聞こえたの」と学童の職員に言った。

➡数字をあげて話す。抽象的な分量の概念がピンとこないため。アルゴリズム的例：少し、しばらく、などの抽象（量）概念が困難

＊小学4年生の算数の授業中、折り鶴を折っている男子。カウンセラーが男子の横にいくと、初対面のカウンセラーに「もしよろしければ、おひとついかがですか？」と真顔で折り鶴を差し出す。

➡きちんとした言葉遣いができてすばらしいではなく、その場に適切な言葉が選べない、難しい言葉を使う（ダントリー）。話題も不適切。空気が読めない

＊「何回言えばわかるんだ！」と叱られた小学5年生男子。「えーと5回」。

➡字義通り。言外の意がわからない

＊「先生！見て！」と先生を呼んだ得意げな小学４年生男子。先生が見たものは机上にきれいに並んだ黒い丸薬。いいえ、鼻くそだった。

➡ **自分の垢も身のうち**

きれいに並んだねと実は褒めてほしかったのでしょう

汚いという概念がわかりにくい。抽象概念がわからない

他者が見た時の気持ちがわからない。他者目線がない

★ **不潔については、将来その子どもが大変困ることになるので、きちんと説明し、ルール、マナーで身につけることが重要**

＊小学４年生の教室で飼っているトカゲが、卵がうまく産めないようで苦しんでいる。すると「いいことがあるよ」と一人の男子がトカゲをつかみ、ピュッとカッターでお腹を割き、「ほら」と得意げに微笑む。悪気はない。

➡ **生命に対する本能的な感覚の欠如**

＊同学年５クラスの生徒の誕生日をすべて覚えている中学２年生男子。「すごいね！」に「頭が疲れる」と。

➡ **記憶が非常に良い、というより、忘れられない**

易疲労的（いひろうてき）（つかれやすい）

＊朝登校中に「おはよう」とクラスメートに肩をたたかれた中学２年生の女子は、道に突き倒されてしまった。その訴えに、カウンセラーが肩をたたいた生徒に「どのくらいの力でやったの？」と肩を貸すと、バンバン!!とまるで布団たたきで布団を叩くかの如くの力の入れよう。「もう少し弱く」と言うと、今度は指で触れるか触れないかの感じになってしまう。

➡ **力加減ができない**

＊35歳の男性患者に「何があったのですか」と医師が尋ねると、「△△○○先生（実名）が僕を犯人扱いして…」。医師「それはいつのことですか」。患者「小学校５年の時、でも最後に謝ってくれて…」。医師「じゃ、ハッピーエンドじゃないですか」。患者「イヤ、僕は誤解されたんだ！ 許せない!!」。

➡ **記憶が「点」で残っている。経過（「線」）の理解がない**

こだわりが強い。切り換えの悪さ。

＊高校２年生のMさんは数学の試験で最初の計算問題が解けなかったことから、後

の問題すべてを白紙で提出してしまった。Mさん曰く「100点が狙えないのなら意味ない」。

➡二者択一、0－100思考

＊肩書で人を判断

＊「幸せというのは４人家族で日曜日に家族みんなでディズニーランドに行くこと」と語る患者さん。

＊「お花は赤くてギザギザが３つあって……」（赤いチューリップのこと）お花は赤いチューリップだけではありません。

➡決めつけ、直線的思考

＊中学校の相談室。「友達の作り方、教えてください」と真顔の中学２年生女子。ちなみに勉強はできる生徒。

➡コミュニケーション、社会性の問題

＊高校の相談室に来室した高校１年生男子。「友達はいりません」と言うので、「今は『みんなで仲良く』ではないので、余計な喧嘩をしなければ大丈夫です」とカウンセラー。

➡対人希求の低さ。「人」に興味なし。でも実は少し寂しいときも…

＊クリニックで初めて来院した患者に就寝時間を聞くのに、ある自閉症スペクトラムの傾向を持つ看護師は「何時にベッドインしますか？」と聞いてしまった。

➡語用の問題。その場に適切な言葉が選べない

＊「『ばーか』と友達に笑い顔で言われたらどう思う？」というカウンセラーの質問に、クラスで成績上位の高校３年生女子は「人権問題です！」と。

➡コミュニケーションの問題。メラビアンの法則が当てはまらない　字義通りの解釈

メラビアンの法則：アルバート・メラビアンが1971年に提唱。人はコミュニケーションの際、言葉より非言語的要素を重視することをいう。
コミュニケーションにおいて意味付けの根拠になる割合
　7%（言語情報：言葉そのものの意味・話の内容等）
38%（聴覚情報：声のトーン・速さ・大きさ・口調等）
55%（視覚情報：見た目・表情・視線・しぐさ・ジェスチャー等）

＊小学１年生男子は人物画を描くとき顔を緑や紫で塗っていた。見た先生は「ギョッ」。

➡ヒューリシティックな感覚の欠如。ブーバ／キキ効果の欠如

ブーバ／キキ効果：ヴォルフガング・ケーラーが1929年に初めて報告し、命名はV.S.ラマチャドラン。丸みを持った形態図形ととがった形態図形に対し、ブーバとキキという言語音を当てはめるとすると、98%の人は前者をブーバ、後者をキキというが、自閉症の人はそうではないという結果が得られている。これらは隠喩が関係すると言われている。

＊冗談が通じない。猥談ができない。本音と建て前の区別がつかない。

➡ **字義通りの解釈**

＊「あの先生は悪い先生です」と中学３年生男子が言うので、「でも、あれは誤解で君のことを先生は褒めていたよ」とカウンセラーが言ったが、「いえ、悪い人です」と譲らない。

➡ **「先着一名様」という捉え（最初に入った知識が後から訂正されない）**
思い込みが強い

＊「数学の時間寝ていてすごく叱られました」と中学３年生女子。「あの先生の授業は一番怖いよね。寝たのはあなた一人でしょ。寝たら大変よ、知ってるでしょ、どうして寝たの？」と驚いてカウンセラーが言うと、「眠かったからです」と。

➡ **空気が読めない**

＊初対面ではなれなれしく、しかし、何回会っても親密になれない。

➡ **距離感の問題、蓄積されない**

＊喧嘩の仲裁をしたＥ君を殴ってしまった喧嘩をしていた小学４年生男子に「どうしてＥ君を殴ったの？」と先生が尋ねると、「だって、いきなり僕の手を押さえてきたから」と、仲裁してくれたことがわからない発言。

➡ **他者視点がない。認知のズレ**
状況の流れ、因果関係がわからない。

＊同じ夕日を見て、
妻：きれいな夕日！（➡ヒューリシティック）
夫：随分赤いな。　（➡アルゴリズム的、自閉症スペクトラム）
――**仲の悪い夫婦**

＊クリニックに来院した自閉症スペクトラムの患者は、医師の前にあるエアコンのリモコンを断りなく手に取り、自分好みの温度に調節する。

➡ **距離感がない、社会的マナーがわからない**

ある人が、その土地で有名ななかなか手に入らないカップをわざわざお土産に買って、友人に渡そうとしたら、友人がそのカップをちょっとみて、「要らない、うちカップ間に合っているから」との返事。お土産を渡そうとした人は呆然。

➡ 相手の気持ちがわからない

中学２年生のJ君は小学校２年生から、不登校でしたが、ある日やっと市の教育委員会主宰の適応指導教室に来ることができました。しかし、その日、雪が降っていたにもかかわらず、J君は裸足にビーサン、短パンでした。実はJ君は皮膚の過敏症で靴下、靴が履けず、不登校の原因はそこにあったのです。

➡ 接触過敏

スペクトラムとは

スペクトラムとは連続体のことです。その傾向がまったくないところから傾向が色濃い状態まで帯状になっているものを想像してください。発達障害だけではなく、最近は精神科のさまざまな疾患にこの概念が入ってきています。

どこからどこまでが正常で、どこからが病気、異常ということではなく、正常からグラデーションになって続いている――つまり、まったく自閉症のない群から重い自閉症までが連なっているということです。

自閉症だ、自閉症じゃない、という決めつけやレッテル貼りはナンセンスです。また、自閉症には、こだわり、コミュニケーションの不得意さ、対人希求性の低さ、共感性の欠如、その他さまざまな特徴がありますが、どの特徴が顕著でどの特徴があまりないかは人それぞれで、その強弱も人によって違います。自閉症の特徴以外に知的レベル、性格なども影響し、その結果、同じ診断名でも様相はまったく異なるのです。

発達障害の傾向が軽いと「グレー」という曖昧な言い方をよくしますが、「グレー」というのは、傾向があることを否定しているわけではありません。傾向をもっていることには変わりはないのです。

　また、軽症であれば、心配はないということではなく、かえって本人が苦労することも少なくありません。

　ちなみにグレーを白にする必要はありません。

❸ 知的障害

知的能力障害　精神遅滞

知的障害は程度により次のような段階があります。

表6　知能指数（IQ）

境界域	84-70
軽度	69-50
中等度	49-35
重度	34-20
最重度	19- 0

障害の特徴

☆原因は不明のこともありますが、遺伝性、代謝性疾患、染色体異常、周産期異常などです。

☆知的障害の場合、自閉傾向があるものとないものがあります。

☆知的障害があると、状況認知ができないことがあり、自閉傾向がないのに自閉症スペクトラムと間違えることがあります。

☆自閉傾向がないと、軽い知的障害は見落とされることがあります。

☆よく健康診断などで「発達がゆっくりです」と言われることがありますが、ゆっくりというのは「今に追いつく」ではありません。追いつくことはありません。

☆将来のことを考えるとIQが100以上であれば、自閉症の傾向が強く、その時の不適応が顕著でも、個別支援学級（特別支援学級）よりは普通級での学習が望ましいケースがあります。

将来、障害者雇用の枠での就労が本人にあっているかどうかをみて、学校での教育を考えることが必要です。

☆幼児期の身体発達のマイルストーンから遅れる場合が多くみられます。

事　例

サッカークラブで人気者の小学５年生Ｏ君は運動神経抜群でムードメーカー。コーチはリーダー格として期待していましたが、ある時、どうしてこんなこともわからないのか、ということがありました。そこから、Ｏ君が学校の成績が非常によくないことが判明しました。Ｏ君はその抜群の運動神経や高い社会性のおかげで、知的能力の低さがコーチにはまったくわからなかったのです。

事　例

小学１年生時からM君は気に入らないことがあるとすぐに教室内で大暴れし、パニックを起こしていました。検査の結果、IQは100以上あったのですが、個別支援学級在籍になりました。最初、個別支援学級でM君は皆のお手本として褒められて機嫌よく通っていましたが、３年次くらいから「こんな幼稚園みたいなとこ、いやだ、つまんない」と駄々をこね、休むことが増えてしまいました。

しかし、このような状態では普通級はとんでもないということで、学校はM君を加害者にしないためと、卒業まで個別支援学級に在籍させることにしました。結果、M君はさみだれ登校になり、当然ほとんど勉強しなかったので、学習面では深刻な状況になっていました。

中学に進学した段階で、療育手帳はIQが高すぎて取れず、特別支援学校にはいけないことがわかったので、普通級の在籍になりました。ところが小学校の学習の大部分が抜けているため、中学校では学習にまったくついていけないばかりか、友達の中にも入れず、ここでまた不登校になってしまいました。

あれから４年たちますが、M君は相変わらず家にいます。いわゆる社会的ひきこもりとして。

❹ 学習障害

限局性学習症（DSM-5）

学習障害とは、基本的には全般的な知的発達に遅れはないが、聞く、話す、読む、書く、計算する、または推論する能力のうち、特定のものの修得と使用に著しい困難を示すさまざまな状態を指す。

有病率：5～13%

出現率：男性は女性の2～3倍

脳神経の障害

遺伝

学習障害にはどんなものがあるか

【読字障害（dyslexia)】

- 変音障害、錯読、促音・拗音の省略やあやまり、飛ばし読み、拾い読み
- 読解に困難を示す
- 作文も苦手
- 1文字を読む時の反応時間が長い
- 文字と音の変換が苦手であると同時に、文字をまとまりとして読むことも苦手、文字の形を正しく認識できない

【書字障害（Dysgraphia)】

- 文字の歪み、省略、誤字、脱字、促音・拗音の誤用、仮名・漢字の誤用
- 漢字が覚えにくい、鏡文字になる、へんとつくりが左右逆転するなど
- 視写ができない、聞き写しができない、読点が使えない、作文が書けない

★読字、書字障害の背景

- 言葉を一つひとつの音に分けられない
- 音韻操作の困難さ
- 音の聞き分けの困難さ
- 音と文字の形が結び付けられない聴覚的記憶の困難さ
- 目と手の協応や協調運動の困難さ
- ワーキングメモリー（外部情報を脳に入力し、処理する能力）の弱さ

【算数（計算）障害】

- 数の大小がわからない。数概念の未獲得
- 時間やシークエンス（まとまり）の概念に乏しい
- 数の覚え間違いが多い
- 簡単な計算でも指を使う
- 位取りを間違う
- ケアレスミスが多い
- 繰り上がり、繰り下がりがわからない
- 数と現実世界との関係性が理解できない

対策（例）

- マス目のノート
- 書写
- 本読みの時に定規・スリットを使う
- 分かち書き、レイアウトの工夫
- わかりやすい字体、大きい文字　　＊Universal Design Font
- 視認性の良い配色
- 具体物で数を視覚的に示す
- 漢字の書き順語呂合わせ
- 漢字の成り立ちの説明
- 漢字パズル
- 電卓、パソコン、タブレットの使用
- オーディオブック
- ビジョントレーニング

★自閉症スペクトラム、ADHDとの共存が多くみられます。

★学習障害は「合理的配慮」の対象になっています（98ページ参照）。

「合理的配慮」とは、障害のある人が他の人同様の人権と基本的自由を享受できるように、物事の本質を変えてしまったり、多大な負担を強いたりしない限りにおいて、配慮や調整を行なうことです。(国連憲章より)

❺コミュニケーション障害

表出性言語障害　受容、表出混合性言語障害

出現率：学童期男子３～５％ ＞ 学童期女子３％

左利き、両手利きと相関関係がある

最近、巷では「コミ症」という言葉がよく聞かれますが、コミュニケーション障害の正しい理解が必要です。コミュニケーション障害は、言語障害と、語音障害、吃音、社会的コミュニケーション障害などがあります。

表出性言語障害の特徴

☆言葉が出ない
☆文章がうまく書けない
☆構音の問題
☆言語理解は可能
☆内的言語の成立
☆視線が合う
☆動作性IQは問題なし
☆自閉傾向がない、共感性がある――緘黙、あるいは自閉症スペクトラムと間違えないように注意！

受容、表出混合性言語障害の特徴

☆言葉が出ない
☆文章がうまく書けない
☆構音の問題
☆言語理解ができない
☆聞きとりの問題
☆内的言語はやや限定される
☆視線は合う
☆動作性IQは問題なし

事　例

美術の専門学校に通う女性は、過去に広汎性発達障害（自閉症スペクトラム）と診断されていましたが、対人関係は非常にスムースで、今までにいじめを受けたことも、トラブルになったこともなく、友人にも恵まれていました。また手先が非常に器用で、作業も早く、運動神経もよく、同時にいくつもの課題が遂行でき、気が利くといわれていました。

そんな彼女でしたが、今回、専門学校を卒業するにあたり、困ったことが出てきました。実は彼女は実技や学習面では何の問題もないのですが、話すことがうまくできないという欠点があったのです。広汎性発達障害の診断を受けたのも、主にその部分からだったと思われます。学校ではいつも選択性緘黙状態に近く、発表ができず、友達と遊ぶ時もどちらかと言えば、受身的だったので、周囲からは自閉症とみられていたのです。

このような傾向のために、卒業のための必須課題である口頭のプレゼンテーションがとてもできそうにないということになりました。

困り果てた末、彼女は思い切って精神科のクリニックを受診しました。クリニックでは一通りの検査を受けその結果、「表出言語障害」ということがわかりました。つまり、社会性、およびその他の能力には問題ないが、言語表出のみの障害ということだったのです。つまり換語能力（言葉に置き換える力）の障害でした。

それは、彼女の一つの発言、「わかるんですけど、言葉が出てきません」という簡単な質問に対する答えからわかりました。自閉症の傾向はほとんどなく、診察場面でも視線が合い、豊かな表情が認められました。彼女は自閉症ではありませんでした。

以上を踏まえ、クリニックは学校の相談室と連携を取りながら卒業課題をどうクリアするか、目下検討中です。

★事例から学ぶこと――**「自閉症」と決めつけず、普段の様子をよく見る**

昨今は自閉症が増えているので、何でもかんでも自閉症で片付けてしまうことがあります。本人の臨床像をよく観察し、慎重に判断することが必要ですが、学校などでは専門職のスクールカウンセラーがいますので、専門職から普段の学校での様子などをよくみていくことが重要です。

❻ 運動機能障害

運動症群／運動障害群　発達性強調運動症／発達性強調運動障害

有病率：5～11歳　5～6％

男女比：男子は女子の2～7倍

大人の場合、小脳の問題。子どもの場合、大脳も関与

障害の特徴

☆粗大運動、協調運動、微細運動などがうまくできない
　非常に不器用、運動技能の欠如
☆幼少期の運動の里程標（マイルストーン）が遅れる
　始歩が遅い、スキップがなかなかできない
　階段を上るときに両足をいちいちそろえる
　紙を丸く切れない
　走るときにバタバタ走りになりぎこちない
　ダンスで上半身と下半身がばらばらになる
　ひも通しができない　など
☆注意欠如・多動症、学習障害、自閉症スペクトラムとの併存が多いが、
　自閉症スペクトラムや注意欠如・多動の人でも運動の得意な人はいるので注意

表7　定型発達の指標
幼児期の粗大･協調運助発達

	1歳0ヵ月	2歳0ヵ月	3歳0ヵ月	4歳0ヵ月	5歳0ヵ月
歩行など	伝い歩き	走る、 階段を一段ずつ昇降する	両足跳び、 階段は交互に昇降する	片足立ち、 片足けんけん	スキップ、 ぶらんこ乗り
手先の動き	人差し指と親指でつかむ、 鉛筆で殴り書き	積み木積み、 なぐり書きで丸を書く	縦･横に線を真似て書く、 真似て丸を書く	真似て十字･四角を書く	
日常生活動作	手づかみで食べる、 スプーンをつかもうとする	自分でフォーク･スプーンを使う	はさみを使用する、 靴を履く、 上着を脱ぐ、 自分で食事を食べる	はさみで上手に紙を切る、 ボタンかけができる、 箸を使える	前腕の回内･回外運動ができる

（小児臨床. 2008より引用）

4

二次障害について

二次障害とは発達障害ゆえに日常生活への適応がむずかしくなり、そのストレスから、不健全、不自然な考えを抱くようになったり、精神的に不安定になりうつなどの症状が出現したりすることを言います。

多くは、障害を正しく理解していないことによる不適切な叱責や無理な指導などにより、本人に精神的な苦痛が生じた結果として起こります。

日常生活と発達障害

❶日常生活での適応が困難→現実社会で「適応障害」とみなされる

落ち着きがない、物忘れ、ミスの連発、不潔、嬌声を上げる、パニックを起こす。乱暴、偏食、空気が読めない、失礼……発達障害のもっている諸特徴は、周囲が不快に感じたり、叱られる原因になることがほとんどです。発達障害に理解のない周囲から、彼らは一方的に、怠けている、努力がたりないなどと容赦なく叱られ、注意され、咎められることがあります。このような体験の蓄積は、人格形成に少なからず良くない影響を与えるであろうことは容易に想像できます。その結果、自尊感情、自己肯定感が低下し、他者との信頼関係が構築されず、被害的になりひねくれものになってしまうことは充分考えられます。

- いつも対人関係がうまくいかないので、不登校やひきこもってしまうことがあります。
- 話しかけられてもどう答えればよいかわからず、黙っていることがあります。
  ➡ 緘黙
- 他者の考えていることがわからないので、他者が怖くなることがあります。
  ➡ 社会不安障害
- うまくできないさまざまなことを隠すために、嘘つきになることもあります。
- 字が書けないのでノートをとらず、提出物も出さないことがあります。
  ➡ 学業不振になり、不登校になることがある
- 見通しがつけられないので遅刻魔の場合があります。
- 創造性がないので美術の授業をサボることもあります。
- 体育が不得意でダンスも下手で、体育の先生から「怠けている」といわれるので、体育の先生を恨むことがあります。

- 聴覚過敏から大声を出す人に対して、嫌悪感を持ち、その人を避けるようになることもあります。
- 表情が読めずなんでも言葉どおりにとってしまい、他者とのコミュニケーションがうまくいかず、変な思い込みから妄想を抱いてしまうことがあります。

発達障害はこのようにその特徴から、生きにくさが否めません。現実の日常生活への適応は、定型発達の人にくらべれば、かなり困難を伴う場合が多いと言えるでしょう。その結果、反応としてさまざまな別の問題が生じます。それは現実社会への不適応、適応障害です。

自閉症スペクトラムなどによくある選択制緘黙も、本人に原因を聞くと、過去に自分の発言を笑われたなどという体験があり、その後から話したくなくなったという答えが返ってくることがあります。こうなると、選択制緘黙も二次障害といえます。

図3　問題を起こす子ども――発達障害に二次・三次障害

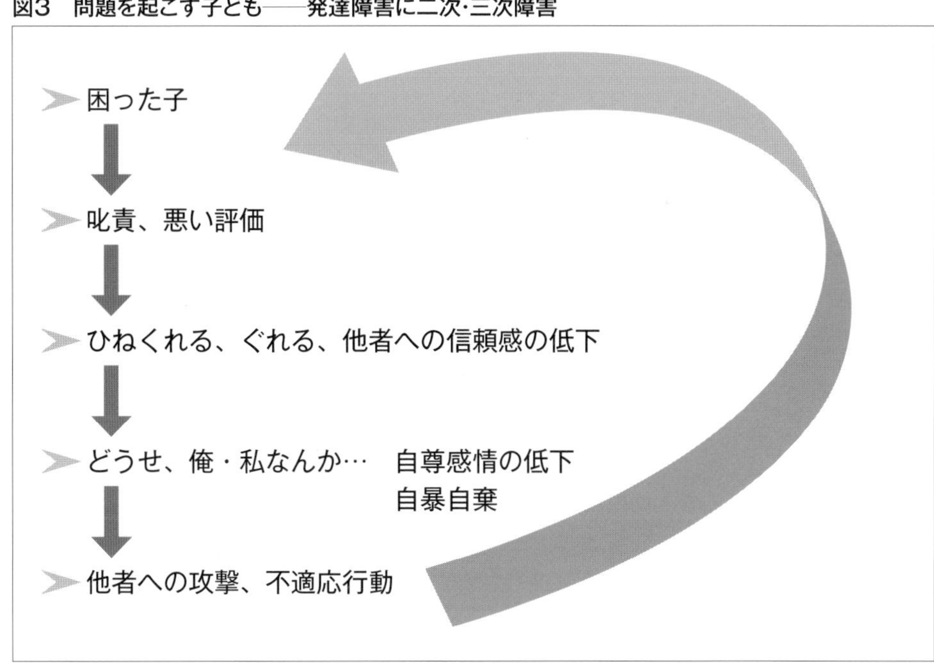

二次障害が進んでいくと「なんで僕がいけないんだ！」「なぜ、いつも自分ばかり言われるのか」「誰もわかってくれない」から、「どうせ、ちゃんとやったって褒めてもらえない」「どうでもいい!!」。そして「みんなは僕をいじめているんだ」「皆は敵だ」「怖い」。あるいは、「敵にやられる前にやるんだ、やるしかない」という流れになることもあります。

ライフステージと二次障害との関係

二次障害は、早くは就学前に現われます。普段、先生方が小学校以降の教育現場で見ている発達障害の子どもの諸現象は、ほとんどが二次障害といえるかもしれません。

発達障害において、基本症状は出生時から亡くなるまで変わりませんが、人生のステージによって臨床像が変わることがあります。乳幼児では生物学的な発達障害の基本的な特徴が顕著にみられます。学童期ではADHDのような行動特徴が目立ちます。思春期以降は、たび重なる対人関係の失敗から自己肯定感が低くなり、被害感が強くなって精神的な不安定さが顕著になります。

もう少し詳しく述べますと、

幼児期には、運動機能の低さや不器用のために活動がうまくできず、知覚過敏その他自閉症スペクトラム特有の他者と一緒に何かすることへの抵抗などがあるために、保育園や幼稚園の集団活動を嫌がることが多くなります。

学童期は行動を注意されることが増え、自信をなくし自己肯定感が低くなり、イライラして反抗的になることもあります。

思春期になりますと、同年代の中で自己を確立し自我同一性を確立していくことが大事になりますが、社会性が低く、コミュニケーションの不得意な自閉症スペクトラムの人は多くの場合、仲間づくりの失敗を経験し、対人関係の課題が明確になります。

学校では、子どもたちの会話は結構きわどい冗談が飛び交います。特に思春期ではこれが一つの特徴ですが、この軽妙な言葉遊び、仲間だけで通じる隠語などを通して彼らは他者との結びつきを強くしているのです。この思春期に、この流れに乗れないとしたら、集団に入ることはできません。自閉症スペクトラムの人はここで孤立するのです。孤立すれば味方や支援者がいないので、そこでまたひがみがでて、被害者意識はつのります。仲間の中で浮いたり沈んだり、社会で生きづらさを感じる場面が増え、悩みは深くなっていきます。

成人期では、発達障害を持つその人の、メタ認知（自己理解）の有無やさまざまな環境要因で、発達障害の人の中でも格差がめだつようになります。うまくいっている人と社会からドロップアウトする人の差が大きくなります。うまくいった発達障害の人について非障害ASD（autism spectrum disorders）（本田秀夫）という概念もあります。

成人の場合、比較的特徴が軽い人の中に、軽いからこそ、葛藤が強くなり、この世に居場所のない感じ、寂寥感、うつ状態が慢性的に続くこともあります。

自閉症スペクトラムでまったく他者に興味がなく、対人希求がなければかえって楽ですが、少しは他者とも親しくなりたいという気持ちがあると、他者との親密感が得られず、苦悩感が強くなるのです。つまり、これが自閉傾向の軽いいわゆる「グレー」の人がつらいと言われる所以です。

幼少期の養育環境で不幸にしてよくない体験が数多く蓄積された場合は、思春期前後からは、二次障害が大きくなり、自尊感情の低下、被害的認知などが高頻度で観察されます。

また、思春期以降、認知のズレ、二次障害による妄想などから、統合失調症様状態を呈すこともあります。

＊統合失調症と自閉症について

統合失調症と診断されている患者さんの、過去、幼少期、青年期のお話をお聞きすると、自閉症スペクトラムの状態ぴったりの人がたくさんいらっしゃいます。これは以前のスキゾイドパーソナリティ障害、妄想性人格障害、統合失調型人格障害ということなのか、それとも自閉症スペクトラムなのか、？？？

統合失調症は脳の中で代謝物質の機能障害、一方、自閉症スペクトラムは器質的障害。しかし、器が不具合だと中身も漏れたりするだろうし、つまりハードが悪ければソフトはきちんとは走らないのは当り前で……などと考えていると、統合失調症とはいったい何だろうと感じてしまいます。

また、最近、以前統合失調症と診断された人が、その後、勝手に服薬を中断し、一応普通に生活しているなどという話をいくつか聞くと、ますますわからなくなります。彼らははたしてほんとうの統合失調症だったのでしょうか（？）

表8（再掲）　ステージ別トラブル度（トラブル度＝適応の悪さ）

	小学校	中学校	高校	社会人
精神遅滞	+++	+ または−	− または+	− または+
AD／HD	+++	+ または−	− または+	− または+
自閉症スペクトラム 対人希求の低いタイプ	+	+	+または−	+++
自閉症スペクトラム 対人希求の高いタイプ	+ または−	++	+++	+++

発達障害はグレーで軽いから将来的にそれほど心配しなくても大丈夫、個性のうちでおさまるとか、重いから大変というわけではありません。重ければ重いなりに福祉の支援が受けられますが、軽いためにその恩恵に浴さないこともあります。

また適応もその時の文化、環境にかなり影響を受けます。一概に軽いから適応が良い、重いから良くないということにはなりません。なかには軽いからこそ誤解され苦労することもあります。また後に述べる親子関係も重要です。

被害感――二次障害のスパイラル

自閉症スペクトラムでは、今まで述べたように、特に対人関係での躓き体験の蓄積により、被害感が強くなっていることが多いようです。ちょっとした一言でも悪くとりがちです。

学校で登校渋りになっている生徒の話に、「みんなが私の悪口を言っている」「通りすがりにバカ、キモイ、と言われた」ということがよく出てきます。実は、これは単なる被害妄想ではなく、真実を含んでいることもあります。実際に彼らはそう言われることも多いのです。

このような、うまくいかなかった対人関係の蓄積は、認知に影響します。「また、いつもと同じでうまくいかない」「今までと同じ、どこでも自分は嫌われているんだ」など、過去の体験からの思い込みは本物の被害妄想へ発展します。

自閉症スペクトラムの人は、理屈ではわかっていても、どうしても被害的になってしまうと言っています。彼（女）らもそうなる自分に困惑しているのです。

表9　被害的になりやすい自閉症スペクトラム

・何やってんの？	⇒	周囲から因縁をつけられた
・できなかったの？	⇒	責められた
・何かあったの？	⇒	根ほり葉掘り聞かれた、探られた
・どうして部活休んだの？	⇒	悪口を言われた
	⇒	無視された
・肩をポンとたたかれた	⇒	なぐられた
	⇒	ぶたれた
・目が合った	⇒	睨まれた

何で自分ばかりいつも
いじめられるんだ
皆、わかってくれない!!

世の中、敵だ!
ぶっ殺してやる!

支援者・味方の存在は被害感の抑止につながる

知的に高いと自分が皆からどういう扱いを受けているのかわかりますので、保育園や幼稚園の年中くらいから被害感は出てくるように見えます。成人の場合、これが強固になっていることが不適応の最大の原因にもなってしまいます。いったん「そう」と信じたことが変更できないのも自閉症スペクトラムの特徴です。

特に被害妄想が強くなるケースがありますが、それは本人が自分の特性にまったく気づいていない場合です。「自分はちゃんとしている、正しい、なのにどうして責められるんだ、周りが悪い!!」――共感性が低く、言外の意がわからず、冗談が通じず、字義どおりに解釈し、ケースバイケースがわからないからです。

このように、自分の特性がわからないので、状況が正確に認知されないのです。コミュニケーションの齟齬（そご）（くいちがい）がどこにあるのか、本人にはまったくわかりません。

本人の特性について乳幼児期に周囲が気づき、診断されるなり、特性に合った支援があるなどの場合は、自己理解が進み、周囲には支援者、理解者がいることがわかります。そうなるとトラブルが生じた時も、心理的にゆとりができどうしてそのトラブルが起こったかのメカニズムに気付け、過剰に被害的にならなくてすみます。周囲を恨むこともありません。そして、なによりも味方（支援者）の存在は本人を孤立から救います。

孤立は疎外感を生み、被害感になりますから、本人の特性についての理解者が不在で、何も支援がないとその逆（孤立から救われない）ということです。

表10　神経発達障害　社会への適応が悪い理由（トラブルが起きやすい理由）

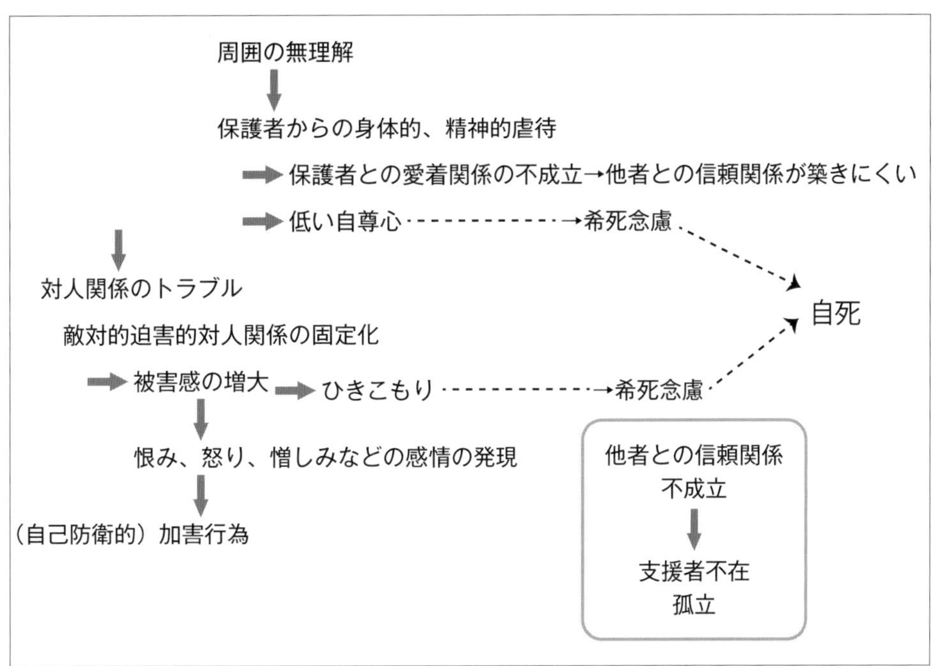

事例　被害的な受取り方

体育祭の日、整列をしていない小学校５年生のU君（自閉症スペクトラム）は、家に帰って母親に「先生に手をぶたれた！」と訴えました。それを聞いた母親は怒って学校に乗り込んできました。しかし、先生の話では、「こっちだよ」と手を引っ張ってあげただけ、ということでしたが……

実はU君はこの先生が苦手だったのです。だから被害的に感じたのでしょう。

物理的にU君の手と先生の手が接触したのは確かですが、「ぶたれた」のか「ひっぱってあげた」のか「手を添えた」のか「支えてもらったのか」それとも「触れただけ」なのか、解釈はさまざま。その人次第ということです。

ネガティブにとるかポジティブにとるかお互いの関係性に困ります。好きな人ならポジティブに、嫌いな人ならネガティブにというのが原則ですが、この傾向が顕著で、一旦思い込んだら修正が効かないのが自閉症スペクトラムなのです。

事例　被害的な少女

ある時、学童保育で出会った小学１年生の女子は、他の女子とは離れて一人でままごと道具を広げ何やら料理の真似事をしているようでした。筆者ともう一人の心理カウンセラーが傍でその様子を見ていたのですが、彼女は料理の真似事をしながら、「指名手配犯だ。逮捕してやる！」と独り言を言っていました（こわい独り言ですが被害的な感情があるからでしょう）。

何やら料理らしきものができたとき、筆者ではない心理カウンセラーが「わー！すごい！おいしそう!!」と彼女に言いました。筆者も何か言わねばと思い「できたね」と一言。さらにまた、彼女が何やら作ったのを見て、「よく作ったね。じょーずね!!」と筆者ではない心理カウンセラー。筆者は「作ったね」と又、一言。明らかに筆者ではない心理カウンセラーの言葉は素晴らしい賛辞であり、筆者の言葉は単なる心がこもっていない言葉に聞こえたに違いありません。

彼女はその後、お皿に盛ったものを私たちに差し出しました。

まず筆者ではない心理カウンセラーにはお皿に３つの積木が載せてありました。積木は赤と緑と黄色で目にも鮮やかできれいでした。「ありがとう！おいしそう!!」。筆者ではない心理カウンセラーは手に取り食べる真似をしました。
次に筆者にもお皿が渡されました。見ると茶色の積木が一つだけ。ちょっとショックでしたが、「いただきます」と筆者が言うと、彼女はコップも筆者に差し出しました。中には球体の積木が入っていました。「これ、なーに？」と筆者が尋ねると、「毒」という返事が返ってきました。…

自閉症スペクトラムの場合､共感性は低いというのが定説です。しかし､彼（彼女）は自身を取り巻く人的環境が自分にとってポジティブかネガティブかには敏感なのです。もし周囲の人間が自分にとっての敵とみなされれば、逃げるかやっつけるかのどちらかです。自分が勝てる時はやっつける。やられる前にやっつけるのです。彼女はそう思ったのでしょう。筆者ではない心理カウンセラーに比べ､（感じの悪い）筆者は敵とみなされました。だから、毒を盛ってやっつけようとしたのです。

筆者は彼女を嫌っていたわけではなく、仕事に対するモティベーションが低かった（これは別の問題）だけだったのですが、筆者のことを「やる気のないおばあさん」と捉える発想は、彼女にはありませんでした。他者目線がなく、いつも自分発の発想（自分目線）しかないためです。もしこの視点があれば、彼女自身、自分が嫌われているとはこれほど思わなかったに違いありません。

数年後たまたま、この中学生になった彼女に会う機会がありました。背は筆者よりはるかに大きくなり、思春期のお嬢さんという感じでしたが、表情は変化に乏しく「お友達いない。誰か、お友達になって！」と言っていました。

中学校の先生の話では、勉強はできるがいつも一人とのことでした。すでに広汎性発達障害の診断がついていました。

支援のポイント　共感し、味方になる！

本人を支援する味方がいる場合、何かイヤなことがあっても、まず彼らの立場にたって気持ちを理解し共感してくれる人になることが大切です。彼らのネガティブな気持ちをシェアし、支えてくれる人の存在は彼らが孤立し、追い詰められることから救います。

「それはつらかったね」「そう言われて傷ついたんだね」などの一言さえあれば、被害的にならずにすむことがあるのです。これは何も発達障害の人に限ったことではありませんが。

共感する時のポイントについては後述しますが、最初に発現している弱いマイナス感情（悲しい・淋しい・不安・情けない・怖い…など）に焦点をあてることが大切です。決して二次的感情の「怒り」には言及しないことが重要です。

事例　支援者不在で被害感が増幅した女性

クリニックで、過去の親戚とのいきさつを被害的に語る40代のアスペルガーの女性が、あまりにもしつこく親戚の悪口を言うので、「いったい○○さんは何をお望みなのですか」とカウンセラーが聞くと、「『大変でしたね』と一言言って欲しいんです」という意外な答えが返ってきました。「それは悪い親戚ですね」と言ってもらいたいのかと思いきや、そうではなかったのです。

そこでカウンセラーが「大変でしたね」と言うと、女性はホッとしたような表情で「やっとわかってもらえた」と言いました。認めてもらいたい、自分の働きをねぎらってもらいたいということだったのです。その後、悪口のオンパレードは下火になりました。（察しの悪いカウンセラーのお話）

支援者不在の孤立感から被害的感情が増幅し、やがてそれが外界に対する敵対的迫害的関係の固定化を招き、さらに被害感が増していく悪循環につながります。そうなればなお社会には出にくくなり、引きこもり、うつが強くなり希死念慮につながる場合や、また、増していく恨み、怒り、憎しみなどの感情が高まって、自暴自棄になって、外部への強いエネルギーが出現し、怒りの暴走、外部への攻撃になる場合などが考えられます。

被害者意識が生まれる条件として、このような支援者の不在がありますが、もう一つ、客観性の低さ、認知（見方、枠組み）の仕方、すなわち物事のとらえ方も関係します。

支援のポイント　まずは共感！　その後、見方を変えるように誘う

怒りのマネジメントで、「相手の立場を考える」と怒りが減じることがあります。がみがみ言う母親を見て「お母さんも、お父さんに文句言われてムカついているから僕に当たってるんだ」と思えば、文句を言われたことをそのまま受け取り、理不尽だと怒らなくてもすむことがあるでしょう。

見る枠組みを少し変え、認知が変われば、ストレスは減る。これが認知療法ですが、認知（見方、枠組み）を変えるだけの柔軟性があるかどうかが大事なポイントです。残念ながら、自閉症スペクトラムでは、どうしても自分目線のみで他者目線になるような柔軟性に乏しいのが特徴で、他者目線、別の見方をしにくいのです。

後に述べますが、そのような自閉症スペクトラムの場合は、まず共感で孤立から救います。そして気持ちにゆとりができたところで、状況の認知の歪みについての説明をすると、認知のゆがみを訂正できることがあります。

「重ね着症候群」と二次障害

成人については、2007年に衣笠幸隆他によって提唱された「重ね着症候群」も二次障害と言えるかもしれません。

重ね着症候群の臨床像は、「18歳以上（広義には16歳以上）で、知的障害がなく（IQ85以上）、初診時の主訴は多彩で（統合失調症・躁うつ病・うつ病・摂食障害・性倒錯・対人恐怖症・醜形恐怖・強迫・境界性パーソナリティ障害・スキゾイドパーソナリティ障害〈非社会性、情緒性の乏しさなどを特徴とする人格障害〉・自己愛性パーソナリティ障害など）、背後に高機能広汎性発達障害が潜伏し、高知能のために課題達成能力が高く就学時に発達障害が疑われていない、一部に児童期・思春期に不登校や神経症などの既往があるが、発達障害を疑われたことがない」患者であるとされています（衣笠幸隆他2007年）。

図4 「重ね着症候群」

発達障害はこのように元々の生理的問題から派生的に惹起されるさまざまな問題が大きくなるのが特徴です。表面的に現われた現象や問題のみに目を奪われ、発達障害を見落とすことがないように、注意することが大切です。

土台に発達障害、次に養育環境、そして適応障害としての症状となります（**図4**）が、養育環境との関係は後に述べます。

❷学校を悩ます「最近のいじめ問題」への対応

昨今、学校現場で問題になっている「いじめ」がありますが、文部科学省の定義は、「『いじめ』とは、児童などに対して、当該児童などが在籍する学校に在籍している等当該児童等と一定の人的関係にある他の児童等が行う心理的又は物理的な影響を与える行為（インターネットを通じて行われるものを含む）であって、当該行為の対象となった児童等が心身の苦痛を感じているものをいうこととした」（「いじめ防止対策推進法」法律第71号（文部科学省）平成25年6月28日公布、9月28日施行）となっています。

ここには行為をするものの動機に対する言及はありません。

したがって、自閉症スペクトラムの被害的な子どもが、たわいもない一言で「傷ついた。これはいじめだ」と言ったとき、学校はいじめ問題として対応しなくてはならないのです。

★自閉症スペクトラムの被害感については、54頁を参照してください。

＊「おーい、Ｅ君」と授業中、前のほうに座っている男子から声をかけられた小学５年生のＥ君は「授業妨害された、学習権の侵害だ、いじめだ」と訴えてきました。
＊学校を休みがちなＦさんにラインでインフルエンザの学級閉鎖を知らせるためにメールをしたGさんは、「私の一番嫌いな学校のことをメールしてきた。傷ついた、いじめだ」と言われてしまいました。
＊苦手な子が近づいてきただけで、威嚇されたという自閉症スペクトラムの子

どこかおかしいのですが、要は、学校は心が傷ついた子どもを救済しなさい、ということなのでしょう。だから、

①「いじめ」だと訴える彼らに、定義からも否定できないので、いじめではないと否定しないこと
②共感的に接すること。その際、第一に出現している感情（弱いマイナス感情）

にアプローチすること

③「人ごみで誰かにぶつかったときは、悪気がなくても謝るよね、それと一緒だと思って謝って」と加害者（?）を説得し謝罪してもらうこと。謝罪の後は加害者（?）をフォローをし、ねぎらうこと

などがポイントになるでしょう。

自閉症スペクトラムは増えており（?）、とすればこのようなトラブルも増加するでしょう。寄り添う支援者、その存在は今後の世の中を救う守護神かもしれません。

親子関係と発達障害

❶愛着障害と子ども

一般的に、不幸にして親と子どもの間に不協和音がある場合、親の愛情がもらえず、さまざまな適応障害を起こします。これが愛着障害（Reactive Attachment Disorder of Child）です。

愛着とは大人と子どもの間に形成される緊密な情緒的結びつきで、子どもは大人へ物理的にしがみつき情緒的結びつきを求めます。そして子どもに安全、安心、NEEDを安定的に供給してくれる特定の一人の大人、つまり養育者と子どもの信頼関係が構築されます。この絆が愛着と呼ばれているものです。

愛着がうまく形成されない状態＝愛着障害は、最もひどい場合、虐待で生じますが、ネグレクトや無視、無関心など軽い虐待やいじめでも起こります。

愛着障害で子どもは、大人への信頼感の低下・ストレス脆弱性・攻撃的・敵対的な傾向になりやすいなどの状態になります。実は、共感性の低い自閉症でも愛着が形成されることがわかっており（Rutgersら2004）、逆にこれは愛着障害も起こるということを示しています。

❷愛着障害　2つのタイプ

愛着障害には２つのタイプがあります。抑制型（過度な警戒心、高い両価性、矛盾した行動）と脱抑制型（無差別に慣れ慣れしい）です。

しかし、いずれの場合も子どもは、「愛情が欲しい、守ってもらいたい、甘えたい…。でもまた、裏切られるかも、もう傷つきたくない、そうだ、裏切られる

前に裏切ってやろう」ということで、大人に対してこれでもかこれでもかの「お試し」をしたりします。

愛着障害の子どもの特徴は**表11**にあるとおりです。ここで注目していただきたいことは、これらの傾向が、発達障害の特徴と非常によく似ているということです。唯一異なるのは「素直ではない」ということです。発達障害には「素直ではない」という傾向はもともとありません。

愛着障害の子どもは、親の愛情が自分に与えられていないことを知っています。そして皆、悲しんでいます。親のほうは、子どもを愛せないやるせなさに悩んでいる場合もありますが、ごまかしている親、かくしている親、よい親ぶっている親、居直っている親さまざまです。いずれにしても、子どもはずっと片思いなのです。

表11　愛着障害のある子どもの特徴

- 孤独感、疎外感がある
- 感情が不安定、コントロールが悪い
- 不機嫌、いらいらが多い
- 刺激を求める。挑発的、攻撃的、衝動的、多動。素直じゃない
- 自虐的
- びびり、忍耐力がない（痛みに対しては強い）、集中力がない
- 短絡的、考え方に柔軟性がない
- 不信感、責任転嫁
- 愛情を与えず、受け入れず
- 異常に人懐こい、あるいは拒否的
- 倫理観があまりない
- 小柄な子が多い
- スキンシップを嫌がる
- いじめ

自尊感情・自己肯定感の低下
自己に対する無価値観
他者との信頼関係が構築しにくい
→味方・支援者の不在

❸ 愛着障害と発達障害

表12　親子関係・愛着障害と発達障害

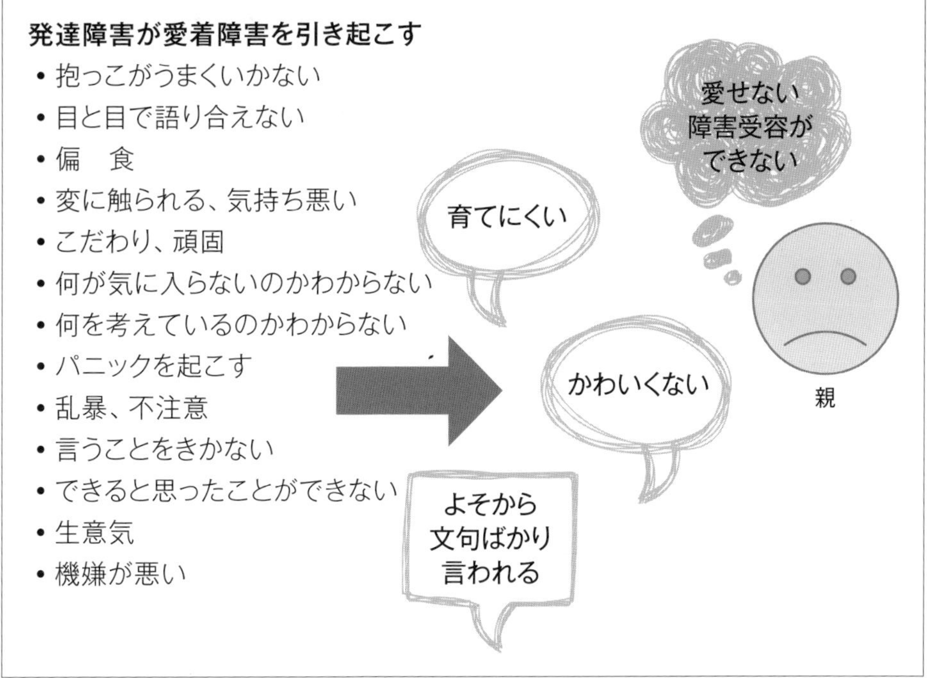

発達障害と親子関係

一般的に発達に偏りがあると、育てにくいということは自明のことです。能力に偏りがあり、できる事とできない事の差が激しいので、何をどこまで期待し、努力させ、そして諦めるかが親には見えにくいのです。

しかし、そのようなことより、まず親はおぎゃーと生まれてきた赤ちゃんと対面し、そのときに目を見つめ、抱っこし、あやしますが、もし目が合わなかったり、抱っこしてもそっくり返り、こちらに身を預けてくれなかったり、あやしても少しも泣き止まなかったらどうでしょう。親は困惑し、親としての自信を失うでしょう。自分を責め、そして赤ちゃんを責めるようになるかもしれません。発達障害の子どもの子育てのスタートはこうなのです。そしてこのようなことが毎日続くのです。

初めての子どもの場合はそのようなものと思うかもしれませんが、それにしてもなかなか気持ちがピタッとこないような印象を持つものです。えてして、機嫌は悪く、よく泣き、顔の表情もあまり変わらないので、かわいいと思いにくい場合も少なくはありません。加えて就学前、次のようなこともよく起こります。

事例

- 急いで出勤する朝、保育園に子どもを連れて行かなくてはならないのに、子どもが靴にこだわり履こうとしないで玄関で固まっている。
- 子どもの機嫌が悪くあやしても泣き止まないので、別の部屋で洗濯物を片付けていると、何かが落ちる大きな音がした。子どものいるところに行くと、パソコンを机から落とし、金魚の水槽の水をおもちゃのバケツでパソコンにかけている。
- 野菜嫌いの子どもに野菜を食べさせようと野菜とお肉を煮込んだシチューを一生懸命作り食べさせようとすると、子どもが怒って熱いシチューの入ったお皿を壁に投げる。
- 保育園の運動会で自分の子どもだけがダンスをせず、園庭をキャーと言いながら走り回っている。
- 幼稚園で壁に貼ってあるお絵かきは、他の子どもは遠足の動物園の絵やお母さんの顔をかいているのに、自分の子どもの絵は黒と紫のぐるぐるの殴りがきで何を描いたのか全くわからない。
- おとなしくしているな、静かだなと思って見に行くと、便を一生懸命手でこね、畳に擦り付けている。
- 一緒に寝るとまるで痴漢のように母親の体を撫で繰り回してくる。
- ショッピングモールなどで「うるさい!!」と大声をあげ、走り出してしまう。
- 少しもじっとしていないで、お友達に手を出してしまう。

事例から学ぶこと 親の障害受容の困難さを理解する

親は、保育園、幼稚園、他の人から「お宅のお子さんが物を壊した」「言うことをきかない」「うちの子がケガをさせられた」など頻繁に文句を言われます。

ますます子どもに対して気持ちが引いてしまうのは自然かもしれません。このようなとき、子どもを好きになれないという親を責めることができるでしょうか。

心情的に受け入れ難いことに加え、育ちの中で、発達障害はなかなか言葉が出ない、表情が乏しい、歩き方がおかしい、皆と遊ばない……。親は焦ります。

最初に感じた何か良くない感覚、すなわち（障害があるかも）という不安がどうしてもぬぐいされません。時には「大丈夫、こんなこともできた、他の子ができないようなことができる」ということもありますが、すぐにまた、「やっぱり何か違う」と思うのです。

この時、母親は自分が産んだ子という責任を感じて、なおさらなんとかしないと、と焦ります。母親にとってはしばしば、自分の子どもが母親としての成績表になります。子どもが優秀であれば、自分も「OK」。自分の子どもが何らかの問題があれば、自分も「NOT　OK」なのです。

親の気持ちをドローター博士は「あたかもリボンの裏と表がひらひら入れ替わるかの如く、親は不安になったり安心したりの繰り返し」と言っています。そしてある時、親は「やっぱり発達障害の傾向がある」とあきらめるのです。あきらめるというのは、本当はよくないことですが、障害を受け入れる時にそういう気持ちになることは否めません。しかし場合によってはその「ある時」が一生こないこともあります。

障害受容は簡単なことではないのです。発達障害の場合、多くは五体満足で見た目は正常です。また知的に正常、あるいはそれ以上のこともよくあります。そうすると、「なんだ、大丈夫じゃない」と思いがちで、それがまた障害受容をしにくくしている要因にもなります。子どもを受け入れらないこと（愛着障害）の背景には障害受容の問題があるのです。

❹ 発達障害に愛着障害が重なると

実は愛着障害だけでも事態は深刻です。将来的に適応がたいへんで苦労することは精神科の領域で明らかになっています。虐待の程度が大きいと、成長も阻まれ、特に脳に影響があることがわかっています。精神疾患のリスクも高くなります。自尊感情も自己肯定感も育たず、自暴自棄的な生き方になります。周囲との信頼関係がないので、周囲を敵とみなし攻撃的になることも少なくありません。希死念慮も強くなり自殺のリスクが大変高くなります。

発達障害にこの愛着障害が重なった場合、どんなに生きにくいか、想像すると憂鬱になります。愛着障害をもっている子どもは、いわゆる発達障害の二次障害が顕著に現われます。それは支援者としての親の存在がないばかりか、親から守ってもらえず、攻撃されるからです。

最近、小学校で大変凶暴な子どもたちを見る機会があります。壁や機材を破壊し、先生と取っ組み合いをしています。男子だけではなく女子もいます。

事例 （親から受け入れられていない子どもたち）

- ある日、カウンセラーが授業参観に行った小学校の教室で、天井から金属製のごみ箱が降ってきて、危うく労働災害事故になるところでした。小学３年生の男子が暴れまくってガラスを割ったところだったのです。先生は今日もケガをし、腕から出血していました。
- ある中学２年生女子は、学校ではまったく何の問題もないのですが、家の壁は大穴があき、扉は外されて２階から投げられ、母親のミシンもベランダから庭に落とされ、カーテンは破かれ、教科書ははさみでずたずたになり……。これらは全部この女子の仕業でした。
- 小学5年生のH君は、空き地で教科書で焚火したり、母親の顔に殺虫剤をスプレーしたりしていましたが、学校でも担任の教師と、よく取っ組み合いをしていました。

事例

小学3年生のT君は、すでにADHDと軽い自閉症スペクトラムという診断がついていました。しかし、通院もしていませんでした。そんなT君はいつも少しでも気に入らないことがあると、机を蹴ったり、教室を飛び出したり、廊下を走り回ったり大暴れするのでした。時には閉まっている校門を乗り越え外に飛び出すこともあるため、先生はいつも後を追いかけていました。

あるとき、母親がPTAの仕事で来校すると、偶然、教室を走り出すT君に出くわしました。T君は母親に気付かず廊下に置いてある鉢を蹴飛ばしました。すると鉢は転がって職員玄関の三和土(たたき)に落ち割れてしまいました。ちょうど追いかけてきた先生と母親は鉢合わせをしてしまいましたが、２人ともすぐに割れた鉢の残骸の横にたたずむT君に気付きました。

次の瞬間、声を掛けT君に走りよったのは先生でした。「T君、ケガしなかった？」先生はT君を叱る前に、T君の心配をしたのでした。母親は何も言わず、近寄りもせず、じっとT君を見ていました。先生はそれを見てT君がかわいそうになりました。普通の母親ならそこで駆け寄るなり、何か言うなりするでしょう。しかし母親はそのまま知らないふりをして行ってしまったのです。

そんなある日、T君の母親から意外な連絡が入りました。「うちの子どもがいじめられています。教科書に『バカ、死ね！』と書いてありました。」というのです。学校は慌てました。T君がいじめられているなんて、今まで一度もなかったからです。学校が不思議に思い、その「バカ、死ね！」と書いてある教科書を見せてもらうと、明らかにそれはT君の字体でした。母親に伝えるかどうかについて学校は迷いましたが、今回は伝えない事とし、「いじめかもしれないので調査します」と返事をしました。

先生は先日の出来事から母親のT君に対する冷たい気持ちを感じていました。T君は母親に振り向いてもらいたくて自作自演をしたのでしょう。

実際そのとおりでした。数日後、母親から「うちの子でした」と連絡が入ったのです。母親は幼い頃からT君に手を焼いており、T君のことを疎ましくなっていました。T君はそんな母親の気持ちを知っていました。T君はそんな母親の気持ちを知っていました。T君は母親をずっと求めていたのです。しかし、母親はどうしてもT君を受け入れられないのでした。

先生にはT君の気持ちがはっきりわかりました。先生は母親のできないところを少しでも補うべく、T君にもっと向き合おうと決心しました。

これらのケースにはみな、共通点がありました。母親が本人を好きではないという悲しい共通点です。そして家庭で母親が子どもの問題行動のスイッチを押したり、地雷を踏んでいるのです。

学校の相談室で、スクールカウンセラーは発達の偏りのある、家庭内暴力の中学２年生女子の母親と面接を重ねていましたが、６か月ほどたったある日、母親は言いました。「あの子を捨てたい」と言い泣きました。つらかったのでしょう。そんな母親をスクールカウンセラーは責めずねぎらいました。そしてこの日を境にこの女子は家で暴れなくなりました。

親もつらいのです。しかし、耐えられず言ってはいけないことを言ってしまうのです。「あなたのせいで親は迷惑」「おまえなんて産むんじゃなかった」。

親がキレて暴力をふるうこともあります。また､子どもの前でこれ見よがしに、自傷行為をする親もいます。

これらはすべて子どもの心の傷になります。

事例から学ぶこと 親も支援者をもつ

このような事態にならないようにするためには、どうすればよいのでしょう。

「親も支援者をもつ」――これが大切なことです。とにかく、問題を一人で抱えないことが重要なのです。

親の支援者は子どもの障害の理解者が条件です。療育機関、医療機関、その他の専門機関などが親の支援者になってくれます。

子どもの障害が明らかになることはつらいですが、専門機関を勇気をもって尋ねることができるかどうかが将来への鍵になります。

【親に発達障害がある場合】

子どもに発達障害があると親にも同じような発達障害が大なり小なり認められることは少なくありません。そのような場合、親に子への愛情があっても、お角違いな対応が多くにみられます。子どもを追い詰めるような言葉、長い説教、子どもが望まない方向への支援など、いずれも子どもの問題行動のスイッチを押すことになっているのです。似た者同士ですがあわないのです。

このようなケースでは専門家の支援やアドバイスがないと事態はなかなか改善されません。親は、どうも子どもの問題行動がやまない、激しくなるなどの時にはぜひ専門家の相談を受けて、一人で抱え込まないようにすることが大切です。

支援のポイント① 早期の診断・支援を！　同時に親への心理教育を！

子どもに発達の偏りなどの問題があるとき、どの時点で診断してもらうか、これは重要なポイントです。基本的には早期発見、早期支援がベストです。

親が「ひょっとして…」と感じたら、可能な限り速やかに専門機関を訪ねることが必要なのです。しかし、親の立場から言うと、親には発達障害と言われることへの抵抗があります。診断されるかもしれないという覚悟ができている時でさえ、やはり診断されればショックです。そのために、発達障害について外部から指摘されてもなかなか専門機関に足が向かないことも少なくありません。幼稚園、保育園でどんなに言われても、６ヶ月健診や３歳児検診で指摘されても、療育センターにかからないケースはあります。その後学校で問題が顕在化し、苦労する我が子を目の当たりにし、やっと重い腰を上げ専門機関を訪ねるということになります。このように大半のケースは中学校の段階までに何らかの形で専門機関とつながるようです。が、知的に高いと大人になるまで専門機関を訪れないこともしばしばです。

知的には問題はなくても定型発達の同年齢の子どもと何か違うと感じたら、とりあえず専門機関を訪ねるべきです。

専門機関でまず親が発達障害についての理解を深めましょう。子どもの見方がかわるはずです。これが心理教育です。(「心理教育の重要性」の項、123頁参照)

本人側から言えば、早く診断されないと、誤解され、苦労する期間が長くなり、精神的なダメージが大きくなります。本人のよりよい人生のためには、できるだけ早い時期での診断が必要なのです。

障害が軽微な場合は別として、障害が明らかなのに専門機関につながってないことがありますが、このようなケースでは、将来的に、認知の歪みや二次障害が大きくなり、社会への適応がより難しくなることが予想されます。そうなると、本人の苦悩はもちろんのこと、親の苦労も長年にわたり続くことになります。

★自己理解のチャンスを

知的に高く、問題を起こさないタイプの発達障害の人では、ずっとそのままで一度も発達障害の傾向について、どこからも言われないことがあります。これは良いことではありません。将来、本人に理解できない困難が待っていることもあるのです。ですから、どこかの時点で、自己理解のチャンスがあることが望ましいのです。

支援のポイント② 医師の診断 → 親の受容の支援

親のほうが発達障害を疑って受診したのに、「それほど問題はないですね」「グレーですね」と医師に言われた場合、親はやはり良いほうに取りたいので、将来、「自閉症がなおる程度の軽いもの」と思うかもしれません。そうなるとその後、発達障害の診断を受けても、それがなかなか入らず受け入れにくくなってしまいます。「グレー」ではなく、「少しはその傾向がありますね」という言い方のほうが、親にはきちんと伝わるでしょう。

また障害を指摘される場合、その診断の際の言われ方も影響します。悪いものにレッテルを貼るような言われ方をされると大きな心の傷になります。そもそも発達障害とはどういうものなのかの心理教育なしにいきなり言われると、たいていこうなります。

発達障害の場合、他の疾病や障害より、まだ一般には正確に理解されていません。誤解が多いことが課題です。いずれにせよ、医師の診断の責任がたいへん大きいことは言うまでもありません。

きちんとした診断をしてもらえるかどうかが、その子どもの一生を左右します。発達障害ならばこれからの生き方で適応に支障が出ることが予想されます。ではどのような傾向や特徴があるのか、まず知りましょう、ということになります。親と子ども本人とが理解するのです。

そして、次にその傾向や特徴をどのように活かすか、あるいは乗り越えるか、あるいはそれを補う他の方策は何か、などを探るのです。この時、できないことを克服するとか、なおすということを決して目指さないことが重要です。なおす必要はないのです。

本人が社会の中で適応しやすいようにすることが大切です。これも親と本人の共同作業です。

親はこのように子どもに寄り添いながら、子どもの社会適応を助けていきます。これが親の役割です。子どもは皆、親を求めています。子どもが発達障害でなくても当たり前の親の仕事ですが、定型発達の子どもはこの親の支援がなくてもなんとかなることがありますが、発達障害の子どもはこの支援がないとサバイバルが困難になります。つまり親の支援（支援者の存在、特に親の）が何よりも必要なのです。

事例

IQが100以上あるAとBという２人の男性がいました。

Aは広汎性発達障害と診断され、親、本人ともに発達障害を理解することができました。思春期、不安定になり、結局、触法行為に至ってしまいましたが、反省しうまく更生できました。

一方、Bは知的遅れがないとのことで自閉傾向は顕著であったにもかかわらず、ほぼ放置状態で、周囲から注意や指導されることが絶えず、自尊感情、自己肯定感が全く育ちませんでした。その結果、Bも犯罪にはしって司直の手にゆだねられました。しかし、Bは反省することができず収監が続いているとのことです。

この事例は、同じような条件を持つ発達障害において、周囲の理解、支援があるかないかの違いで大きな差が出るということを示しています。

❺ 親が障害受容を拒否したとき…

あくまでもの障害受容拒否の場合、親は普通になることを目指し、障害をなおすことを目標にすることがあります。

事例

偏差値50以上の私立中学に受験を克服して入学した中学１年生男子の場合。彼は小学校の３年生のときに普通級から支援学級（特別支援学級。以下、支援学級と表記）に学籍を変えています。普通級在籍のときに、学習面でカタカナがわからない、文章が書けない、図工ができないだけではなく、友達関係でもトラブルが絶えず、加害者として問題児扱いされていました。朝会、運動会などの教室以外での集団行動はいっさい参加できず、校庭から飛び出し家に帰ってしまうこともありました。このように自閉症スペクトラムと学習障害の傾向が顕著でしたが、親は診断されるのを避け、専門機関には行きませんでした。しかし学校はこれ以上普通級では対応できない、お子さんの教育を保障できないということで、親の猛反対を押し切り子どもの学籍の措置替えをし支援級にしたのです。

もともと彼は１歳半健診で言葉の遅れを指摘されていました。小学校入学時も幼稚園からの申し送りがありました。遊戯、リズム体操など集団で行なう活動は一切参加できない、他の子へ手が出ることがある、などの情報があったのです。もちろん小学校就学前の健診でもひっかかり、支援級を勧められましたが、親は普通級を希望しました。

本人は普通級の中で、かなり大変な思いをしたのは言うまでもありません。混乱する友達関係、ついていけない学習、行事、家でも大荒れで癇癪をおこし親に乱暴し、家具を壊し、毎日闘争のような日々を送ってきたのです。本人も親も学校も限界でした。

３年生から支援学級に移り、人数が少なく、教師の細やかな配慮が行き届いた平和な学級で、本人はどんなにホッとしたでしょう。そのおかげで本人はどんどん成績を伸ばしました。環境がどれほど人の成長に影響するかは、多くのエビデンスがありますが、彼の成長は目を見張るものでした。

そこで、欲を出したのは親でした。早速、家庭教師を雇い私学受験に向けガンガンの勉強がはじまりました。家庭教師は本人の特徴をよく理解してくれ、本人に合った学習方法で勉強をすすめてくれたため、本人もすんなり理解がすすみ、さらに驚くほどの成績アップがみられました。結果、めでたく目標の学校に合格できました。本人より親が大喜びでした。「うちの子は発達障害を克服した」と親は確信したのです。

入学してからはもちろん普通級で、それも公立中学よりもレベルが高い集団の中で、他の生徒と同じ扱いを受けることになりました。勉強のスピードも公立より速く、ついていくのが普通の生徒でも大変なのに障害を持った彼には到底不可能でした。彼は5月になる前に音をあげてしまいました。朝、起きられず、昼間もボーッとしていて何もせず…。うつ状態でした。その後、彼は公立中学校へ転校を余儀なくされましたが、公立中学校では1日も登校することなく卒業しました。彼は今もずっと家にいます。

親にとっても試練です。

社会的ひきこもりの中に、このようなケースを多く見ることができます。とりあえず、本人のきちんとした査定（心理検査など）と診断が必要です。二次障害（重ね着症候群）による精神疾患なども出現している場合は、まず、そちらの治療も必要です。いきなり、精神科、心療内科の敷居は高いかもしれませんので、役所やその他ひきこもりを対象にしている専門機関に相談に行くことから始めてみるのもよいでしょう。

親が何もせず動かないことでは、事態はなかなか変わりません。子どもの将来のために、専門機関にアクセスすることが重要なのです。

5

事例から学ぶ

乳幼児
学童期
思春期
おとな

❶乳幼児の発達障害

まだ言葉が出ない乳児の場合、かえって見立てが簡単にできることがあります。言葉が出たり、知恵が進むと、もともと持っている性癖がカモフラージュされ見えにくくなるからです。早期発見は難しいと言いますが、保育園で見ている限り、決して難しいとは思えません。赤ちゃんの表情で「アラ」と感じたり、抱っこした時の身体の感触の違和感などですぐにわかります。

幼児になると身体的な特徴がはっきりしてきます。重力や触覚を楽しむような感覚的なことを好む傾向のために、クルクル、ピョンピョンなどシンプルな動きが目立ちます。身体の動きのぎこちなさもはっきりとわかります。

さらに言葉の問題や知覚過敏、切り替えのわるさ（こだわり）、パニックなども顕著になってきます。

事例 1

乳児のお部屋に気難しい赤ちゃんがいるというので、保育園巡回の相談員が会いに行きました。赤ちゃんを見ると、じっと相談員を凝視してきました。座ることはできていましたが、移動はハイハイではなく、そのままずりずりと膝で進むのです。いわゆるいざりです。また保育士が抱っこをすると、そっくり返り保育士に身を預けません。顔の表情は硬く、ほとんど変化がなく天使の微笑みもみられません。赤ちゃんらしくない赤ちゃんでした。保育士によれば、おむつ替えの時に、どうしてお股がスムースに動かないのかなと思うほど関節が硬いということでした。

この子が１歳を超えたあたりから、他の子への噛みつきがひどくなりました。言葉が出るようになれば減るだろうという期待は裏切られ、近づく子にいきなりがぶっと噛みつくのです。

親は忙しく、子のことで話をしようとしても、なかなか時間も取れなかったのですが、ある時やっと療育センターに子をつれていき、自閉症スペクトラムであることがはっきりしました。

事例 2

サッカーを習っているという４歳男子のＮ君は、一見活発で運動神経もよさそうなイメージでしたが、実際、男児たちとボール遊びをしているのを見ると、走り方がばたばたとぎこちなく、よく転び、またボールを蹴ることがなかなかできず、サッカーを習っていない男児にいつもボールを取られていました。

また、食事のときはなぜかだんだん椅子からずり落ちていくことが多く、観察していると、両足でしっかり床を踏んばっていないことがわかりました。体幹も弱く触ると柔らかく、いつも壁にもたれているように見えました。

あるときN君の絵を見せてもらいました。青と黒で筆圧が弱く殴り書きのような絵で、人らしい棒人間がボールらしき黒いぐしゃぐしゃの上に描かれていました。

健診でもひっかかったこともなく、よく話もでき、しっかり者のように親は思っていましたが、保育園は親に普段の様子を話し、療育センターに行ってもらいました。そしてその結果、やはり自閉症スペクトラムであることがわかりました。

事例 3

すでに療育センターに通っているＳ子ちゃん３歳は、保育園の朝の体操の時、いつも大騒ぎです。音楽が聞こえるとキャーと言いながら部屋中を走り回ります。折り紙で七夕の飾り物を作るときは、何度先生が説明してもまったくわからず、先生や他の子に手取り足取り教えてもらってやっと作っていましたが、そもそも、指先にうまく力が入らないために折り紙の角と角をぴったり合わせることができず、はさみも上手に使えませんでした。また、糊も指に付けると気持ち悪いのか、すぐに雑巾に擦り付けてうまく貼れません。

ある時、巡回の相談員が部屋に入ると、相談員と目が合いますが、まるで柱を見るような目で相談員を見てきました。人を見る目付きではありません。と思っていたら、あまりなじみではない相談員に、いきなり抱き着いてきましたので「Ｓちゃん、今日は元気だね」と声をかけると、返事もなくいきなり離れていきます。

食事のとき、相談員がそばに行くと、「あたしね、このあいだお父さんとディズニーランドにいって、お兄ちゃんと飛行機に乗ったの」と相談員を見ないで独りごとのように話すので、目をあわさせようと「そう、よかったね。お母さんも一緒に行った？」と、話しかけるも目があわないばかりか返事なし。

あれは独り言だったのかという印象で、話す対象がはっきりせず、人とのやり取りが成立しない自閉症スペクトラム特有のコミュニケーションの特徴が如実であることがわかりました。また、実はＳ子ちゃんは母子家庭で父親も兄もいないはず。嘘をついているような様子もなく、現実と夢が一緒になっているのでしょうか。これも自閉症スペクトラムのお子さんにはよくあることです。特に暴く必要はありません。悪気はないのです。

外遊びをしているときは、皆と一緒に砂場にいますが、一人で砂を掘っていました。いわゆる平行遊びです。同じ場所にいても他の子とのコラボはないのです。先生がお部屋に入るように言うと、いつもきまってＳ子ちゃんだけ部屋に入りません。先生がＳ子ちゃんを部屋に連れて行こうとすると、どうしても砂遊びがしたいと言って、園庭を逃げ回ります。こだわりも強く、切替えも上手にできないのです。

このようなＳ子ちゃん、普段の園の活動でも問題があるのですが、その他にも最近新たな心配ごとが出てきました。それは「仲間外れ」です。たいてい、いつも先生とは話をするのに、他児との接点は全くなく、仲良しの友達が皆無だということもありますが、公園からの帰り道、他の子から手をつなぐことを拒否されたり、食事のときに隣に座る子どもがいなかったりするのです。

他の子はＳ子ちゃんに対して、何かを感じているのです。これは本能的に子どもが感じる違和感かもしれません。この年齢ですでに子どもの世界で避けられているのです。ここから「いじめ」になります。他の子どもたちに、いじめの教育をしていくことが必要です。

「いろんなお友達がいるね。自分がこのお友達、ちょっといやだなと思っても、もし誰も手をつないでくれる人がいなかったら悲しいよね。人を悲しませるのはよくないこと。だから手をつないで行こうね。手をつないでくれてありがとう。Ｓ子ちゃんもうれしいって」などの言い聞かせが必要です。

表13　乳幼児の発達の偏りと関係のある現象（身体面）

- いざりっこ
- 頭囲が大きい（3歳まで）
- 関節が硬い
- 身体がグニャグニャ、ポニョ
- 体幹が弱そう
- 手指の力が弱そう·手がうまくつなげない
- 姿勢が悪い、保てない
- 人や物にぶつかる
- バランスが悪い、転倒が多い
- 踏ん張れない
- 3歳過ぎても利き手が決まらない
- うがいができない
- 嚥下、咀嚼の問題
- 尖足·つま先歩き
- 走り方がぎこちない
- 不器用·折り紙下手、食具·鋏がうまく使えない
- ねっころがっておもちゃで遊ぶ
- 運動神経が良くない、フォームが悪い、踊りで皆と同じ動作が取れない
- リズム感がない
- タイミングが取れない
- その他

表14　乳幼児の発達の偏りと関係のある現象（行動面）

- 偏　食
- 食べ物をかまずにのみこむ
- 表情が硬い･乏しい
- 噛みつく
- 人を見ない、あるいはじっと見据える
- 人見知りをしない
- 動いているものをじっと見ている
- ボーッとしている
- ただ走り回っていたり、くるくる回っていたりする
- こだわり･切り替えの悪さ
- 長泣き（長時間泣き続ける）
- かたまる
- 午睡がうまく取れない
- 人の体を道具にするクレーン現象
- キレる、パニックを起こす
- 自慰行為
- はにかまない
- 他人の物を平気で使う
- 他児の顔をさわる
- プラスチックのおもちゃなどで顔をスリスリする
- 糊、水を嫌がる
- 活動の流れがわかっていない
- 絵に人があまり登場しない、あるいは棒人間をかく
- 独り遊び、平行遊び･高いところに上りたがる、あるいは極端に嫌がる
- ロッカー、棚に首を突っ込む、狭いところに入りたがる
- 室内などで耳ふさぎをする
- 物を並べる
- 布の模様などをつまもうとする
- 落ち着きがない
- 乱暴、加減ができない
- 一番になりたがる
- 奇声、嬌声をあげる
- 皆が注目しているものを見ない
- マイペース
- 物を指して言わない、指したものを見ない
- 名前を呼んでも反応がない
- 電車、生き物などにマニアック
- 記憶がよい
- お気に入りのタオル等を離さない
- 正義感が強い
- 理由がはっきりしないぐずり、イライラ、機嫌の悪さがある
- 特定の人にこだわる
- その他

表15　乳幼児の発達の偏りと関係のある現象（言語面）

- ことばの遅れ
- 意味不明のことを言っている（ジャンゴ）
- 喃語をあまり言わない
- 独　語（ひとりごと）
- コマーシャル等を暗唱している
- 言葉の遅れ、あるいはいきなりペラペラしゃべりだす
- 発音が不明瞭
- 吃　音
- 緘　黙
- オウム返し
- あげる･もらう、行く･来る、貸す･借りる、などやりとりの言葉がうまく使えない
- 丁寧語、敬語などを年齢不相応に使いこなす
- 初めてのことばが物の名前

事例　1歳児のクラスで

おむつ替えの時に先生は２人ずつマットに寝かせて順番におむつ替えをしていました。すると、あるマットの上の女児が同じマットにいた男児を蹴ってマットから落としてしまいました。「○○ちゃん、仲良くしましょう」先生はそう言って男児をマットの上に寝かせ、他の児のおむつ替えに戻りましたが、すぐにまた女児は男児を突き飛ばしマットの外に追いやってしまったのです。「△△ちゃん、大丈夫？　○○ちゃん仲良くね！」と先生は言い聞かせ、気になりながらも他の児のおむつ替えに戻らざるを得ませんでした。

実は、この男児、自閉症スペクトラムの診断をされていました。他児が持っている赤いトマトのおもちゃが欲しいと、別の児を踏みつけながらハイハイしながら突進しトマトのおもちゃを奪い取っていました。また、何もしていないのにいきなり隣に座っている女児に噛みつくこともありました。先生が本読みしても一人窓の外を眺めていました。朝、来園するとずっと泣いてなかなか泣き止まないこともしばしばでした。他児たちは感じていたのです。「この男児は私たち（他児）の存在を脅かしている」と。存在を脅かすものに対して闘争か逃走です。自分より相手が弱ければ闘争、強ければ逃走なのです。女児は男児より身体的に大きく歩行もかなりできました。強いか弱いかはだいたいサイズで決まりますので、女児は男児より自分が強いと思っていたのです。そこで、女児は男児から自分を守るために闘争に出たのです。これは自己防衛本能です。いじめではありません。

しかし、この自己防衛がこの先次のクラスに進んでも続くとするとどうでしょう。この自己防衛のための行動はいつしか「いじめ」とみなされるのです。実際は次のクラスどころではありません。大人になっても実は続いていくのです。「いじめ」にはこのような背景があります。「いじめ」と「自己防衛のための行動」これには境がないのです。

❷ 学童期の発達障害

事例

最近転校してきた小学校３年のS君は、幼く可愛いのですがどこかちょっとずれている子どもでした。実はS君はすでに３歳児健診の時に言葉の遅れがあり自閉傾向と軽い知的障害があると言われました。しかし、天然（ぼけ）の愛されキャラとしてみんなに可愛がられ何の不自由も感じなかったので今まで一度も専門機関には行っていませんでした。

ところがこちらの都会の学校は、以前ののんびりムードとは違いました。もちろん知った友達も一人もおらず、今までの勝手が通りませんでした。転校生ということに加えその天然（ぼけ）のために周囲の子どもたちの格好のからかいの的になってしまったのです。しかしS君はそのからかいを「友達の証拠」と思い、友達として相手にされているのだと勘違いしてしまいました。そして勘違いしたS君は喜んでその子どもたちの言いなりになってしまいました。

「俺アイス食いたいなー、S君、買ってくれる？」

「うん、いいよ」

「あのゲーム、したいな。S君が僕の分も買ってくれると一緒にできるんだけど」

「うん、僕、買うよ、一緒にやろう」

そして時にはS君の方から

「これ、食べる？　おごってあげる」

と子どもたちにおごることもありました。

このようなことが毎日になり、当然お小遣いでは足りなくなってしまいましたので、最初はお母さんの財布から、次はタンスの引き出しのおばあちゃんの年金からお金を持ち出すようになってしまいました。

ある日、お金が減っているのに気付いた家族が、S君が友達におごっているのに気付き、S君に直ちに子どもたちと付き合うのをやめるように言ったところ、S君は「おうちの人が付き合っちゃいけないって言ってたよ」と子どもたちに正直にしゃべってしまいました。やはり天然です。

子どもたちはおごってもらっているのがバレたと思い、S君を遠巻きにするようになりました。S君が子どもたちの方へ行くと、皆、クモの子を散らしたように走り去っていくのでした。子どもたちに遠巻きにされ、誰も寄ってこなくなったためにS君は、今度は子どもたちにいじめられていると言い始めました。

家族にこのことを話したところ、家族はお金の件もありましたので、恐喝され、いじめられていると学校に訴えてきました。そこでいじめや恐喝の件について、学校が子どもたちに聞き取りをしたところ、子どもたちは、S君がすすんでおごってくれたこともあり、強く「買って」とは言っていない「いじめていない」という話でした。このような食い違いから家族の「いじめ」「恐喝」という訴えと学校の「いじめ、恐喝ではない」という主張でもめる事態に陥りました。家族は文部科学省のいじめの定義を振りかざし、また、実は今までS君が子どもたちに使ったお金の金額は、ざっと見積もっても50万円を下らないという事がわかったこともあり、家族の主張は強硬でした。

その後このもめごとはずっと平行線のままになってしまい、卒業した今でも解決に至っていません。

事例から学ぶこと 子どもの特徴「発達障害」を知り、適応の支援をする

周囲の大人が、S君の持っている特徴や状況を理解し、ふさわしい対応をしなかったために、事ここに至ってしまったのです。保護者はもっと幼いときにきちんとS君をみて、特徴を把握することが大切でした。学校は転校生としての配慮はもちろんのこと、S君の特徴をみたて、どのようなことが起こりそうかを想像しながらS君を支援すべきでした。そして学校と家庭のより早い段階での連携が必要でした。

放置されている発達障害は、傷つき体験を繰り返します。守ってくれる理解者、支援者がいない場合、悲惨な人生を送ることになりかねないのは、言うまでもありません。

❸ 思春期の発達障害

事例：自閉症スペクトラムの生徒の場合①

ある日、高校の英語の時間に遅刻をしてきた生徒がいました。皆が振り向くと、意外にも今まで遅刻などしたこともない優等生の男子M君でした。授業はそのまま続けられていましたが、突然の大きな物音でやむなく授業は中断されました。見ると一番後ろに座っていた生徒が床に倒れています。脇に遅刻してきたM君がいましたが、倒れている生徒を足蹴りしているのです。皆、何が起きたのかわけがわかりませんでしたが、近くにいた男子数人が駆け寄り、とりあえずM君を押さえました。足蹴りされた生徒はスポーツ万能の、女子にも人気の野球部の副部長T君でした。

どうしてこのようなことが起きたのか。問題を起こしたM君から教師が聞き出した内容は首をかしげるようなものでした。M君と足蹴りをされた男子は、去年も同じクラスでした。M君はおとなしく物静かであまり他の生徒とも会話をしないタイプでした。足蹴りされたT君は、どちらかと言えば「しょうゆ顔」で目が細く吊っていましたが、まなざしは柔らかく優しく、表情も豊かで人気者でした。いつもクラスの中心で男子とも女子ともよくふざけあって笑いあっていました。

実はこのM君は、教室で騒いでいる彼らをいつもうるさいと感じていました。あまりにも毎日うるさいので、M君はわざと嫌がらせをしているのかもしれないと思うようになり、そして、会話に入れない自分をあざ笑っているのではと疑うようになりました。ある時、ふと彼らに目を向けると、T君と目が合いました。その時、M君はその吊った目を見て、これは自分に殺意のある目だと確信してしまったのです。それからは「いつか殺られる」「殺られる前に殺らなければ」と考えるようになり、計画を練りだしました。「どのようにやるか、いつやるか」。ずっと温めていたプランをM君は１年近くたってこの日と定め、計画を実行したのです。

その後、M君は反省文を書かされたり、謹慎処分を受けたりしましたが、結局学校を休学することになりました。休学してからはなぜ自分だけが罰を受けたかどうしても納得できず、狙われているような気分も未だとれず、幻聴まで聞こえてくるようになってしまいました。

事例から学ぶこと 思春期は発達障害のあるなしにかかわらず、対人関係に敏感な時期である

M君は診断こそされていませんでしたが、典型的な自閉症スペクトラムの傾向をもっていました。他者と何となくうまくいかない感じをずっともっており、思春期になり異性への関心があるのに、女子とは口もきけず、よけいに疎外感を感じていました。このような背景があり、M君は状況を被害的に受け取ってしまったのです。この思い違い（被害妄想）はとんでもない結果になりました。

また、M君には聴覚過敏がありましたが、本人も自分が過敏症だとは気づいていませんでした。さらに、足蹴りされたT君の目が吊っていたので自分を睨んでいる、殺そうとしている目だと思ったということでしたが、表情がよく読めなかったのでしょう（表情認知の問題）。要は女子と楽しく話をしているいわゆる“しょうゆ顔”のT君が羨ましかったのです。

重ねて言いますが、思春期は特に対人関係が大事な時期です。これは自閉症スペクトラムの人も同じです。彼らは今までの対人関係がうまくいかなかった体験をベースに対人関係を捉えていますので、どうしても自信がなく被害的になってしまいます。

しかし、多くの軽い自閉症スペクトラムの人たちは仲間になりたいと思う気持ちも一方にあり、一生懸命彼らなりに努力をします。この時に再び失敗すると、被害感は固定化し修正がきかなくなります。そして精神的に不安定になり、ひどい場合は他者の視線が怖くなり幻聴が聞こえるようになってしまうことも珍しくありません。

このような場合は速やかに精神科への受診が必要です。

これほどの症状が出なくてもずっと寂寥感やうつ状態を抱え希死念慮を持つことも多いようです。

事例　自閉症スペクトラムの生徒の場合②

Hさんが不登校になったのは、中学２年生の９月でした。小学校のときは他の子を仕切るくらいのしっかり者で正義感も強かったのですが（これは言葉の遅れのない知的に高い自閉症スペクトラムの小学生によくあるタイプです）、中学に入り、友達関係が全くうまくいかなくなりました。テニス部に入ったのですが、本人にわからないようなことをラインで他の部員がやり取りする、本人にだけ朝練の情報が伝わらない、本人は理由がわからないのに外される、他校への試合遠征時も行き帰りはいつも一人ぼっちと、いろいろなことがありました。

クラスでも何となくお弁当時に一人になることが多くなりました。他の生徒に聞くと、「言うことがきつい、ズバッと気にしていることを言ってくるからいや。でもHさんは気づかない。それでも気を使ってお弁当の時間に一緒に食べようと声をかけていたけれど、Hさんからは何の返事も返ってこない」とのことでした。

Hさんはついに２年生の夏休み前、もうダメ、行きたくないとなってしまい、夏休みの部活は全く参加できませんでした。

勉強もできないほうではなく、特に大きな問題があったわけでもないのに、いじめられている感じで、学校に対して親は大変不信をもつようになりました。「『これはいじめなので何とかしてください』と何度学校にお願いしても、学校はわかりましたと言いながら何もしない」。これが親の言い分でした。確かに学校は、調査の結果、あからさまないじめの事実がないために、何もできなかったのです。朝練の件もたまたま本人の聞き落としで、ラインも本人の勘違い、遠征の行き帰りは同じ方向に帰る部員がいなかった、お弁当も他に一人で食べている子が何人もいるとのことで特に問題ではないということになったのです。

本人も親も釈然としないまま、とうとう中学校卒業まで来てしまいました。高校は公立を受けられず、サポート校に進路は決まりましたが、Hさん、親にとって大変不本意な結果になってしまいました。

サポート校に入学してからのある日、教師からHさんは「あなたは自閉症スペクトラムかもしれない」と告げられました。ショックでしたが、思い切ってクリニックを受診して検査をすると自閉症スペクトラムであることがわかりました。医師が親切に診断してくれたおかげで、すんなり障害を受け入れることができ、今までの対人関係の行き違いがどこで起こっていたかもだいたいわかりました。

その後、大学は希望のところに進学することができました。少し回り道をしましたが、本人は、今は大学生活を楽しんでいます。

事例　希死念慮

高校２年の女子、Wさんはイラスト部で仲良しのMさんと２人で平和にやっていましたが、同じ部のDさんがだんだんMさんと仲良くするようになり、部活動の中で一人で行動することが多くなりました。

Wさんは決して今まで暗い性格ではなかもったのですが、学校に行ってもしゃべる人があまりできず、唯一仲良くしていたMさんともあまり話さなくなり、次第に学校への足が遠のいてしまいまいた。

実はWさんは小学校の６年生から密かにリストカットをしていました。学校ではしっかり者で、学級委員や生徒会でも活躍していましたが、小学校３年生頃から、あからさまないじめがあったのではないですが、何となく皆と一体感が持てず、仲間に入れてもらえず疎外されているような気持ちになることが増えてきたのでした。中学校ではそのような気持ちが消えないどころか、体育祭や合唱祭などの行事のたびにその思いは強くなりました。

小学校時代の学級委員や生徒会活動は、当時はあまりはっきり意識していませんでしたが、集団で認められるようにとの考えからでした。中学校では演劇部を選びましたが、自分の居場所を確実にしたかったからでした。演劇部では役が与えられ、自分の出番（居場所）があり台詞まで決まっていましたので、自分が皆に受け入れられない発言をすることもないので安心できました。

しかし、疎外感や一人ぼっちの感覚は消えず、リストカットはやめられませんでした。リストカットをすると、もやもやしていた気持ちがスーッとするのです。

Wさんは長女で、母親は母子家庭で忙しくしているため、普段からほとんど話をしませんでした。また、母親はWさんの妹の方とより気が合うようで、そのこともありWさんは今まで母親に甘えたことも、頼ったこともありませんでした。なんでも自分でやってきたしっかり者のWさんだったのです。

６月終わり、遂に高校を退学しました。その後は家から出ず引きこもりの生活が続きました。すべてに自信を失い、以前から時々あった「死にたい」という気持ちが強くなっていきました。何をしてもうまくいかない、自分は生きる価値がない、この先もつらいことばかり、親に迷惑をかけている、
……死んだ方がよい……

ある日、母親が仕事から戻ると、ドアノブにもたれかかるようにしている

Wさんの姿が目に飛び込んできました。首にドライヤーのコードが巻き付いていました。救急車で運ばれ、九死に一生を得たWさんはその後精神科でうつと診断されましたが、もう一つ、自閉症スペクトラムとも診断されました。

自閉症の傾向は決して重いものではありませんでした。しかし、他者への興味関心があまりなく、共感性が高くないこと、コミュニケーションがうまくいかないこと、などの傾向があったのです。

傾向が軽いので本人も周囲も発達障害とは誰も思わなかったのです。

最近、教育現場や医療現場でお目にかかる機会が多いのが、「死にたい」と希死念慮を訴える軽い自閉症スペクトラムの傾向を持つ比較的若い人たちです。彼（彼女）らは、まったく他者を必要としないのではなく、他者とうまく交流できない一方、他者を求めている部分もある人たちなのです。そのために、常に孤独なのです。物心ついたころから、他者との親密感、一体感が常になく、漠然とした寂寥感を感じています。思春期の始まる前くらいからその寂寥感に気付き始め、それが成長するにつけはっきり意識されるようになっていくのです。

また、多くのケースに共通するのが、親子関係の行き違いです。親との相性が悪く、虐待されていたケースも少なくありません。幼いころから、守ってくれる人が不在で、親の愛情を求めながら、一人で悩みながら過ごしてきた人たちです。

家の中でも、外の社会でも自分の味方は誰一人見当たらず、内、外両方でトラブルやいやな事が絶えずつらい思いをずっとしているのです。彼（彼女）らは、ほんとうは「死にたい」というより「つらい」のです。彼（彼女）らを救うためには、支援者が必要です。彼（彼女）らは自分から支援要請を出すのが上手ではありません。だから、気付いた周囲の誰かが、周囲から支援をすることが大事なのです。

❹ おとなの発達障害

事例：自閉傾向をもった新任教員の場合

有名大学を卒業後、順調に憧れの中学教師になったIさんは、着任式に行った初日、まだ学校の教師と紹介される前に、校門前で「ダメじゃないか、そんな制服の着方をしちゃ」とだらしなくワイシャツをはだけて着ていた一人の男子生徒を掴んでしまいました。

びっくりしたのは男子生徒。誰この人？と思ったのでしょう。「触んなよ！」とIさんを突き飛ばしてしまいました。男子生徒はたまたま怪我をしていて、袖に腕がうまく通せず、学校に着いたら保健室できちんと着せてもらおうと思っていたのでしたが、いきなり知らない人からシャツを掴まれ、防衛本能でその人を突き飛ばしてしまったのです。

Iさんとしては、自分はこの中学校の教師で、教師として当然の指導（良い仕事）をしたのに、その生徒はなぜそのような反抗的態度を示すのか理解できず許せませんでした。生徒にしてみれば着任式の後で新人の教師とわかりましたが、まだその時点では教師という認識は当然なく、おまけに生徒には事情があったのに何もきかずいきなりのことでそれこそ納得がいきませんでした。

➡ **自分が知っていることは他人も知っているはず、と思っている。他者の立場がわからない（心の理論の問題）**

その後、Iさんは仕事を張り切って始めましたが、このこと以外にもいろいろなことが起きました。まず遅刻。４月、朝の打ち合わせに間に合ってきたのは、わずかに２回。いつも遅れるのです。５分や10分ならまだしも、ある時は始業の30分後に事務所に電話をかけてきて「寝坊したので遅れます。校長先生に言って代わりの先生を用意するようにして下さい」と言ってきたのです。

➡ **自分の立場をわきまえていない、組織のラインの認識もない、誰に何をどのように伝えるのかの判断ができない、上から目線の言い方になる社会性の問題**

事務所の人はびっくりしてしまいましたが、校長にそのまま伝えました。Iさんがその日到着したのはなんと２時間目が始まる休み時間でした。この遅刻癖は困ったもので、どんなに人からアドバイスされても直せませんでした。

➡ **時間の配分、見通し、テキパキとした動作、優先順位などの問題**

さらにある日の職員会議中、日々の疲労のためかイビキをかいて寝てしまいました。校長から「そんなに疲れているなら、どこかで上手に休息を取るように」と言われ、普通なら日々の生活の中で休暇を取ることを指すと解釈するであろうところを、勘違いし、仕事中、休息をとるようになったのです。それも無断で突然消えることが多くなりました。ある時は担当の授業があるにもかかわらず行方不明になり、皆が探し回った結果、３階の生徒用のトイレの個室で寝ているところを発見されました。

「寝るのなら、職員の休憩室で寝なさい」と幾分ムッとした校長から指導されると、今度は家から布団を持ってきて、堂々と休憩室で寝るようになってしまいました。

➡ **暗黙の了解がわからない、字義通りの解釈しかできない**

Iさんは授業に関しては大変熱心で、一部生徒からは「詳しくてよい」などの良い評判もありましたが、一方、休み時間になっても授業が終わらない、試験前、試験の範囲まで授業が進んでいない、細かくて詳しいけど何が一番大切なポイントかわからないといった意見も生徒から多く出ていました。

➡ **何が重要か優先順位がわからない、まとめられない、時間配分ができない、見通し計画がうまく立てられない**

ある時、部活の遠征で他校との練習試合で生徒を引率した際、一人の生徒が道中、他生徒とふざけていて駅の階段から落ち怪我をしてしまいました。

保護者から「先生はうちの子が他の生徒に押されて落ちたとき、どこで何をしていたんですか？　子どもたちがふざけていたのを見ていなかったんですか」と言われたIさんは「おたくのお子さんが落ちた１６時４６分頃は、私は改札口で電車の時間を調べていました。だから、見ていませんでした」と大変正直に答え全く謝罪はしませんでした。

保護者はその答えを聞き、非常に怒って帰っていきましたが、Iさんは、自分はきちんと対応したのにとキョトンとしていました。なぜ保護者が怒ったか全くわからなかったのです。「自分は正しい」と信じていたのです。

➡ **言外の意がわからない、保護者が謝罪を求めているのがわからない、字義通りの解釈、共感性がない**

教師からの謝罪がないということで、この件はそのあとかなりもめることになりました。

さらに、Iさんが出すことになっていた教育委員会宛の書類が締め切りを過ぎたにもかかわらず、出ていないことがわかり、副校長から直ちに出すように言われましたが、Iさんは「はい」と良い返事をしたものの、書類を出すような行動をせず、今までやっていたパソコン作業を続けていました。副校長が見るに見かね、何をしているのかとIさんに尋ねると、学級通信を作っているとの返事なので、副校長がそれは急ぎかと聞くと、全く急ぎではないとIさんは答えました。

副校長は、これは丁寧に全て説明しないと通じないと気づき、書類は急ぎなので、直ちに書類を提出するようにしてください、と叱らず説明しました。そこでやっとIさんは書類に取りかかろうとしましたが、そこでまた問題発覚。書類がないのです。

そう言えば、Iさんの机に上は様々な書類や本が堆積していて、引き出しはものが溢れて閉まらず、そこここに食べた後の弁当箱や飲みかけのペットボトルなどが散乱している始末。これではものが見つからなくても不思議ではありません。結局、副校長が委員会に平謝りをして書類をあらためて取り寄せました。その様子をIさんは見ていましたが、その後副校長にはお詫びもお礼も何も言いませんでした。

その後、Iさんは管理職や他の職員から指導されたり叱責されたり、生徒との信頼関係をつくれなかったり、保護者と気まずくなってしまったりで、ついに精神的に追い込まれ、うつになって病気療養休暇を取る羽目になってしまいました。

事例から学ぶこと　本人は自分の障害を理解できていないことを知る

おとなの場合、子ども時代、知的に比較的高く、トラブルを起こさないタイプの人は、自閉傾向があっても見落とされるか、そのまま「それでよし」とスルーされることが多いようです。そのため、まったく自己理解ができず社会に出ることになります。

学校では成績がよくて何も注意をされなかったのに、職場ではどうしてこんなに認められないのか、周囲の人はなぜ突然怒り出したりするのか、彼らにとっては腑に落ちないことだらけで精神的に具合が悪くなっていきます。

支援のポイント 周囲の誰かが気づいたら、支援の手を差し伸べる

おとなになって心理教育をしても、実は、今までの強固な考え方のため（自分は悪くないなど）、一般的にはなかなか入っていきにくいといえます。

本人の意識のレベルはいろいろですが、いずれにしても一人でもんもんと悩みを抱えている場合が多いようです。周囲の誰かが気づいたら、本人に支援の手を差し伸べることが必要です。

大人の発達障害の支援のポイントは、理論的に、メカニカルに説明し、規則やルール、パターンで社会的スキルを身に着けてもらうようにすることです。この事例の副校長先生の対応がお手本です。

表16　本人の意識—メタ認知ができているか

◆まったく自分の特徴に気づいていない
　不都合は周囲が悪いから、あるいは自分に対する周囲の理解がないからだと思っている

◆何かまずいとは感じているが、どこがどうまずいか、それがなぜかはわかっていない

◆自分が原因でうまくいかないというメカニズムはわかるが、発達障害に起因することはわからない

◆自分のトラブルの原因は発達障害のためということまではわかるが、どうすればよいかわからない

☆いずれの場合であっても、本人は苦悩している

事例　自殺を試みた自閉症スペクトラムのエリート社員

現在38歳のFさんは大手企業の営業マンでした。しかし、なぜだかわからないうちにどんどん転勤させられ、田舎の小さな支店の内勤を命じられました。当然のことながら不満に思ったFさんは人事に何度も掛け合いましたが、その結果、もっと悪いことに事務所の清掃などの雑務、営繕にまわされてしまいました。

プライドを傷つけられたFさんはうつ状態になり、療休を取ることになってしまいました。妻子は実家に帰りたった一人になってしまったFさんは、ある時、病院からの帰り道、ホームで電車を待つうちもうダメだと思い電車に飛び込もうとホームの淵まで行きました。目の前を、轟音を立てて電車が通過した後、やっと我に返り、命のある自分に気づき、もう一度だけやってみようと思い直し、とにかく家に帰ることにしました。

その後、何かが違う、自分の気がつかない何かがあると感じたFさんは病院を変えました。そこで、Fさんは「あなたは自閉症スペクトラムです」と意外なことを言われました。自閉症スペクトラムについて何も知らなかったFさんは、そこから自閉症スペクトラムの本を読みました。「これはまさに私だ」——Fさんは大発見をしました。今まで何かおかしい、なぜこんなことがという謎のほとんどがすべて解けたのです。もっと早くわかっていたらと悔やまれましたが、そこから病院のワーカーに相談しながら、障害者就労の枠での就労を目指し歩き出しました。

対人関係での齟齬について自閉症スペクトラムの知識がなければ納得のいかないことの連続になります。早期発見、早期介入、心理教育がいかに大事かがよくわかる事例です。

6

トラブルを解決するには

——現象から考える

教育現場で普段よく目にする光景から、これは自閉症スペクトラム、これはADHDなど、私たちは「便利な分類」を実はしがちです。しかし、そこには大変危険な落とし穴があります。パターン的に決めつけをした場合、その子どもの一生に間違った方向づけをすることさえあるのです。

決めつけないで、いつも慎重に子どもを診ること、そして少しでも違うと思ったら、修正することをためらわないことがまずは大切です。

先述しましたが、発達障害をもつ子どもたちは、元来、感情のコントロールがうまくできず、イライラしやすいつまりキレることが多くみられます。

そのキレ方から、背景にあるものを推測するヒントをご紹介します。

表17　「キレる」のタイプ別特徴

タイプ	主な背景	特　徴
いきなり型	ASD	理解しがたい
前兆あり型	愛着障害	陰湿·ひねくれ
はずみ型	ADHD	短絡的·単純

いきなり型

どうしていきなりキレたのか、まったく理解できないという状況があります。それは、前兆がない、キレる道理がないと思われる場面です。前兆がないというのは、キレた本人の表情、仕草、言動に何ら怒りを予想させる表現形が行動前に観察されないということです。このような場合たいてい本人はポーカーフェイスです。怒りを口にすることもありません。息遣いがハーハーと荒いようなこともありません。仕草も落ち着いて見えます。しかし、次の瞬間、いきなり行動化するのです。いきなり、殴る、刺すなどです。

本人に行動後、話を聞くと、「以前の恨み」「日ごろの仕返し」と言います。周囲からは「いきなり」に見えても、本人の中では伏線があるというわけです。この伏線に外部はなかなか気づきません。認知特性の違いで、状況をどう把握しているか、記憶がどうなっているのか、彼らの感じ方が外部からわからないからです。自閉症スペクトラムでは、このようなことが多々起きています。

事例

中学校での出来事です。朝、登校してきた１年生の男子数人が教室で一人の男子のデイバックの背負い合いしていました。持ち主は「やめてよー」と言っていますが、「いいじゃないかよー、ちょっとしょわせて（背負わせて）」と誰も聞き入れません。そうこうしているうちに朝学活が始まり、その騒ぎは自然に収束していきました。

その後、いつものように授業が行なわれ、男子たちもいつものようにおしゃべりをし、弁当を食べ、掃除もし、午後の授業も終わり、いつもどおりの一日が終わろうとしていました。そしていよいよ帰りの学活が終わり、担任の先生も教卓で書類をまとめ、生徒たちが部活の準備したり、帰り支度をして帰ろうとしていたその時、例のデイバッグの持ち主が、朝、自分のデイバッグを最初に背負った男子の背後に立って、いきなりその子の背中を足蹴りし、倒れたところをさらに蹴ってアッという間に帰っていったのです。先生も他の生徒も突然のことで何があったかもわからず、誰も止められませんでした。

実は朝の出来事について、デイバッグの持ち主はずっと恨んでいたのです。一方、他の男子が言うには、昼間、持ち主と他の男子はいつもどおりのやり取りをしていて、何の異常もなかったということでした。普段から持ち主は顔の表情があまり変わらず、何を考えているのかわからないようなところがあったとはいえ、まさか、そのような気持ちでいたとは誰も予想だにしませんでした。

このように、周囲には突然の出来事でしたが、持ち主本人にとっては突然ではなく、自然な流れだったのです。しかし、持ち主が背後から蹴ったということは衝撃でした。「なんで俺が嫌だと言ったのに、しょったんだよ！」とか言いながら蹴るならまだしも、一言も言わず背後から蹴ったということは、通常の人間関係ではあまりないやり方と言えるでしょう。

この場合、社会性の低さがこの背景にあることは言うまでもありません。そのほかに場面と時間で感情が不連続な印象も否めません。

よく自閉症傾向のある人の場合、急にケロッとしてしまうとか、急に気分が変わりいきなり激高する場面を見ることがあります。このような気分の急変も一つの特徴かもしれません。その逆に、過去の出来事をあたかも数分前の出来事のようにいつまでも生々しく覚えているのです。

場依存的という言葉があります。これはその時の環境に、より依存するような（適応的）行動様式を指すものです。その場がお祝いムードなら、自分が少し落ち込んでいてもその場に合わせて少し微笑むということです。それと反対に、決して周囲に合わせず、自分の気分次第で行動するタイプの人もいますが、どちらかというと、後者と自閉症スペクトラムは似ているところがあると言えるでしょう。

事例から学ぶこと　当人には理由がある（被害者意識）、ということをまずは理解する

事例は、周囲にとってはいきなりでしたが、本人にとっては伏線があり自然の流れでした。本人は顔色一つ変えず、いつもと変わらぬ行動をいつものペースでしていました。したがって、周囲の者は予測できず、自分たちを守れなかったのです。

また、なぜこのような行為に至ったのかについて、「謝って」とか「もうしないでね」とかの言語表現をするなど、他のやり方がいくらでもあるのに、彼の行動には、理由を聞いても理解しがたいところがどうしても残ります。さらに、これほどの時間が経過しているのに、その時間経過の中でその気持ちが変わらないという不思議な粘り強さ（しつこさ、執念深さ）を感じます。なかには計画をたて、刃物などをあらかじめ用意していることもなくはありません。

しかし、ここで大事なことは、本人の行動はすべて自分を守るための攻撃的行動だという点です。これをしなければ自分がやられる、という切羽詰った被害者意識が背景にあるのです。この被害感は、対人関係がうまくいかない、コミュニケーションが得意でない自閉症スペクトラムで、二次障害的にみられます。過去の出来事に対するいつまでも変わらない陰性感情（これは本人にとってもつらいものですが、この陰性感情は常日頃本人の頭の中で反復され、強化され、記憶されたできごとが、よくない方へ変容していく事も珍しくありません）、ある時はケロッとみえる感情表出の不自然さ、なども自閉症スペクトラムの特徴です。

前兆あり型

発達障害とまったく関係のない「感情のコントロールの悪い」人たちもいます。それは親子関係のまずさに多く起因します。良くない養育環境のせいで、愛着障害になり、普段から周囲に対して、不信感や怒りをためているのです。このような時は、一触即発で怒りが爆発しますが、愛着障害では一般的に忍耐力が低いことも影響します。

しかし、愛着障害では前兆があります。表情、行動、その時の本人の危険なオーラなどの前兆がありますので、周囲も心の準備ができることが幸いです。

事例

まず、遅刻してくる、朝から顔色が悪い、だるそうに見える――きっと生活リズムが乱れていて、睡眠がとれていないのでしょう。いつものように朝ごはんも食べていないのでしょう。顔の表情から、機嫌が悪そうで、感じが悪い印象です。一見して「今日はまずいぞ」というオーラに満ち満ちています。中学２年生Ｋ君のいつものことなのですが。

その時、「早く席に着きなさい」という何気ない教師の一言が、彼のスイッチを押したのです。「なんだよー！」と吠え、机を蹴る、壁を殴る、教師に対して食ってかかる、予想どおりの展開です。そして、彼はなかなか素直に謝りません。「なんで俺があやまるんだよー！」とまた吠えます。

周囲の子どもは雲行きが怪しいとわかった時点で、少し席を離し避難しているので、被害者はいません。これもいつものこと。

事例から学ぶこと　発達障害と愛着障害をもった子に注意！

最近は純粋に自閉症スペクトラムの傾向だけ、ADHD単独、愛着障害のみというケースは、あまりお目にかからなくなりました。ベースに発達障害があって、その上に愛着障害がのっかっていて…というのが流行りのようです。そのために現実にはこのように“きれいな”キレ方をしない場合が多くなりました。

小学校でとんでもない恐ろしいキレ方をしている子どもたちによく出会います。凶暴な女子もいます。ある自閉症スペクトラムで摂食障害の女子高校生は、中学校で机を投げたと言っていました。筆者が教室に入るなり、いきなり金属製の筆箱が飛んできたこともあります。

はずみ型

周囲からの観察で、物理的に接近したときに、いきなり行動化がみられる場合、衝動的で「ついやってしまった」感が強い印象があります。これはADHDの衝動性が背景にある場合が多いと言えます。

ADHDの場合は、視線に誘導されることが多く、視覚による注意の転導性が顕著です。目に入ったものに注意がそれるばかりでなく、手や足が出たりします。行動は衝動的で特に理由はありません。あるとすれば「目の前に見えたから」くらいでしょうか。また、その行為の前兆になるものもありません。「急に」という印象があります。

パン屋さんで棚に並んでいるパンを「触っちゃだめよ」と言われる前にすでに指で押している子ども、休み時間、皆で校庭を駆け回っているとき、目の前を走っている児童を何の意味もなく突き飛ばす子ども、教師の一言で急に廊下の掲示物を破りまくる少女、掃除をしているときに箒(ほうき)をバットにしてごみを打つ男子、少しイラついただけで手に持っていた携帯を投げ壊す人など、ADHDではこのように単純な行為やキレ方がよく見られます。

ADHDの特徴としては、やり始めた行動は途中で中断できないことが挙げられます。しかし、そこに大きな意味はなく、すぐに謝ることができる場合も多いようです。

でも残念なことにまたすぐに同じ事をします。謝罪は、してしまった事に対してのみで、次に同じ事はもうやらないという反省にはならないのです。それに加えて、ADHDはよく物事を忘れてしまうのです。

ADHDの単なる衝動性なのか、自閉症スペクトラムの見通しを立てていない自分目線の行動なのかは、よく観察をし、区別することが必要です。

発達障害と愛着障害の事例では、子どもたちの傷つきは深く、事は深刻です。さてここで、現象から考えられる背景の可能性を演習してみましょう。

演習――現象から考えられる背景の可能性は？

図5　教室に入らない

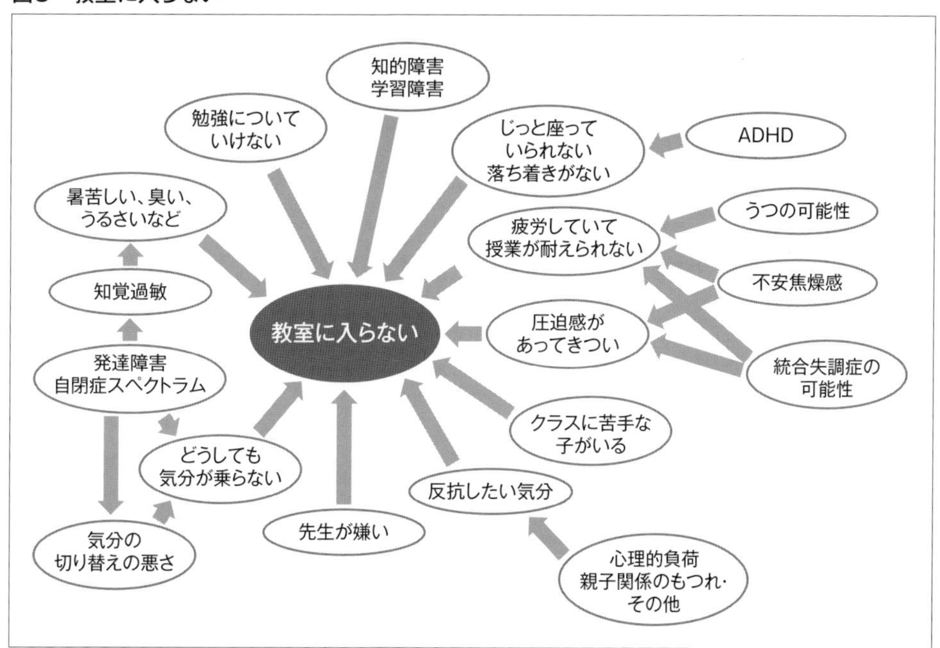

図6　授業中、板書をノートに取らない

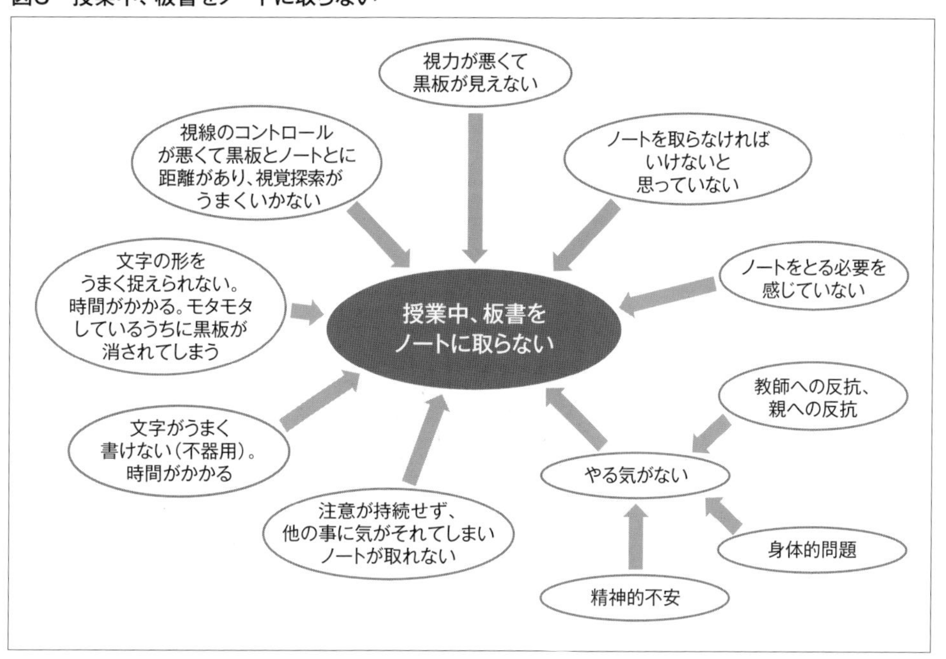

図7　宿題をしてこない

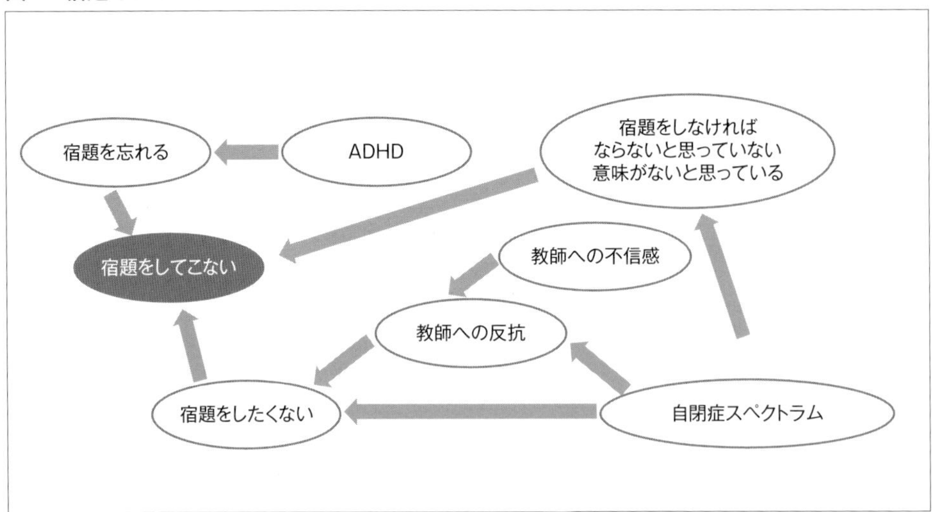

図8　体育の授業にきちんと参加しない

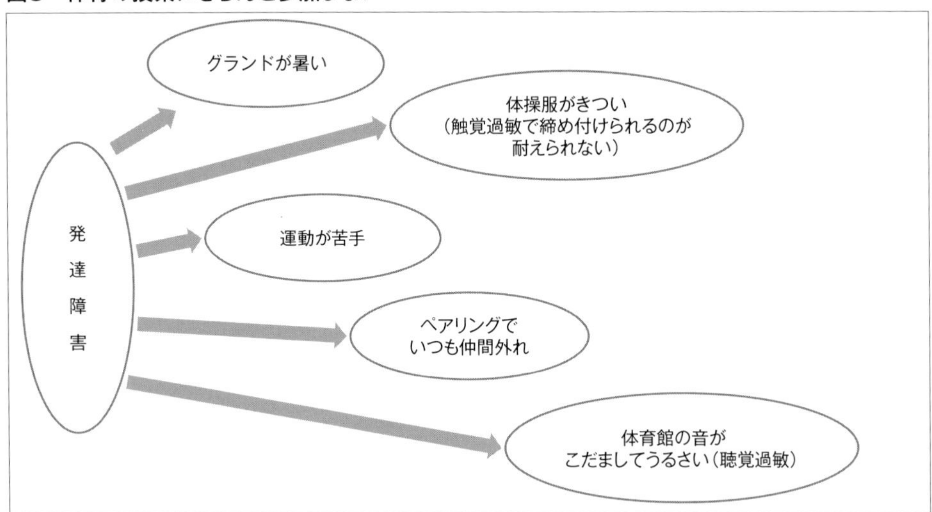

図9　対人関係場面での認知がずれトラブルになる

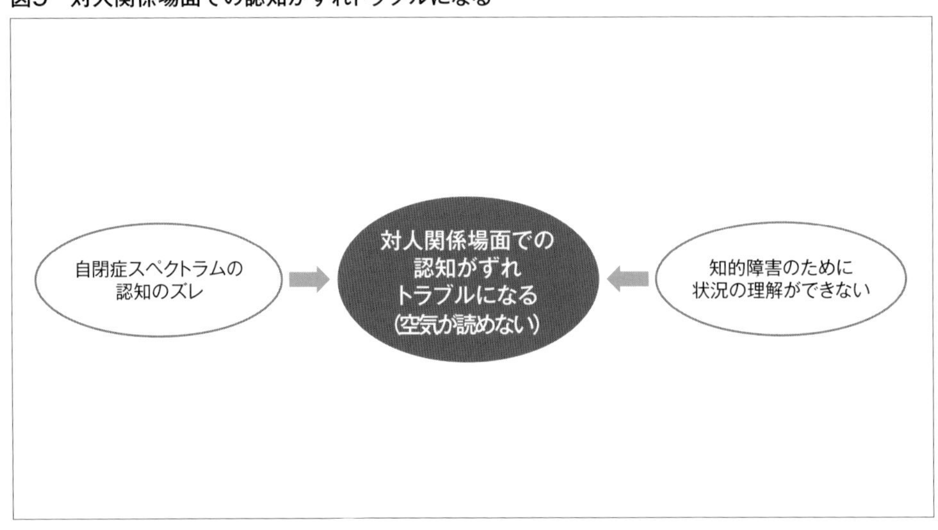

図10　イライラしている

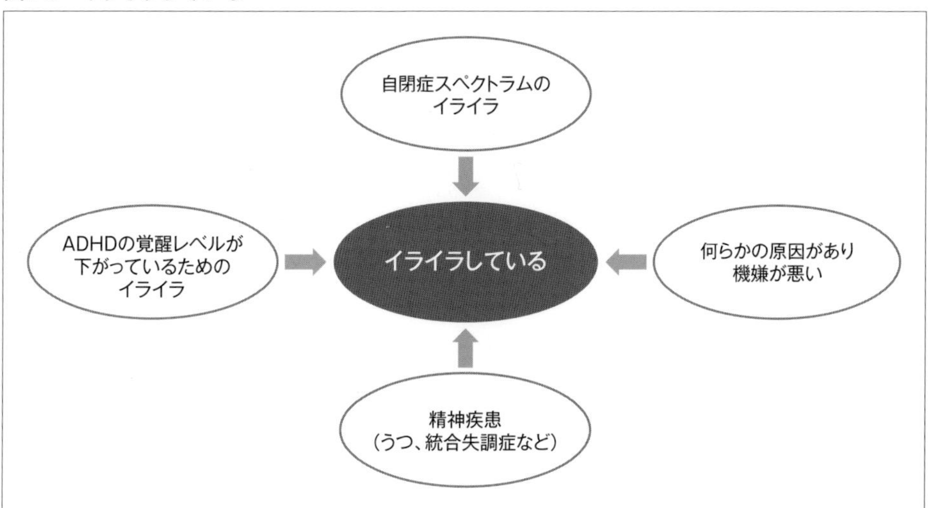

図11　言葉使いが丁寧、大人っぽい

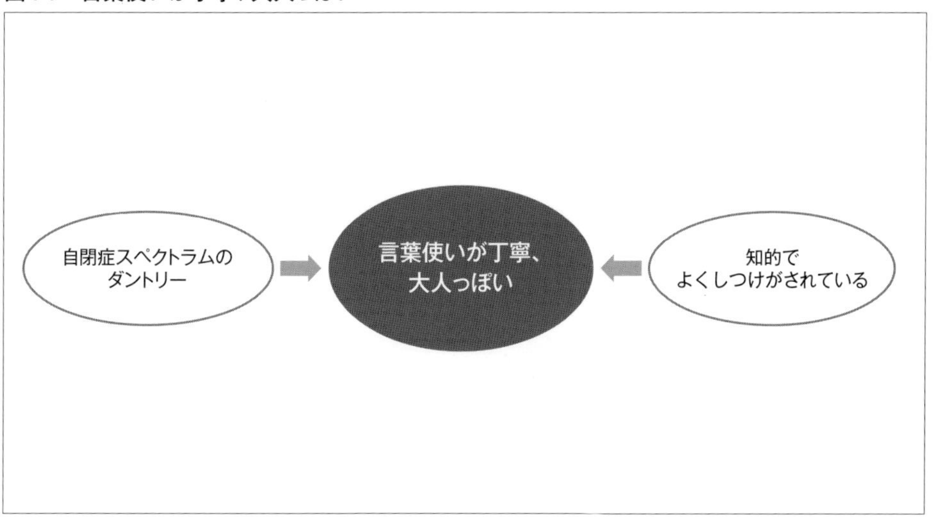

図12　話を聞くときに話者をみない

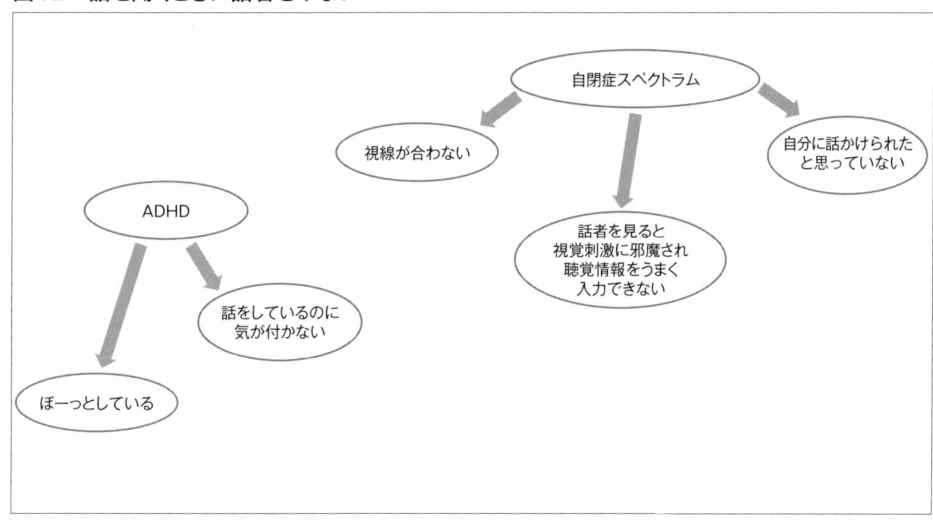

図13　奇声を発する

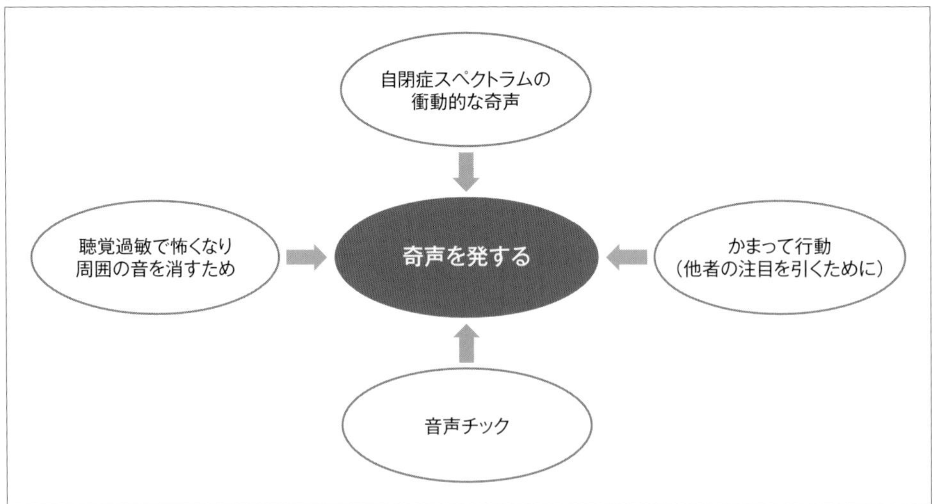

図14　狭いところをすり抜けようとする

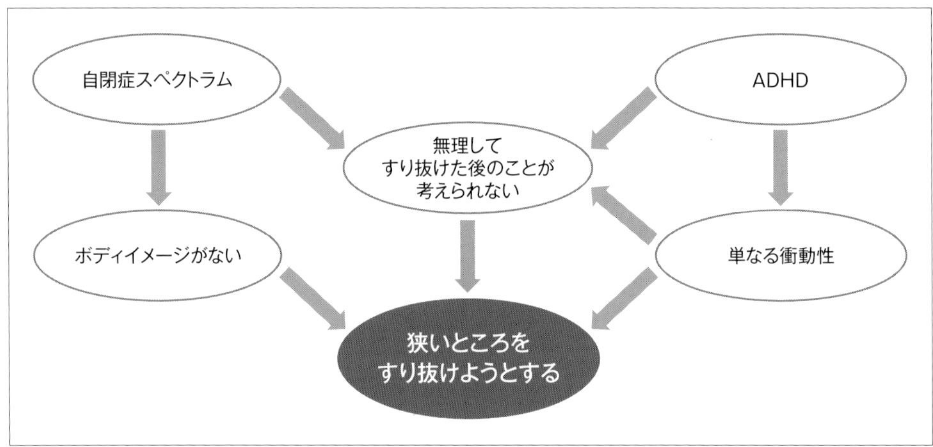

図15　優先順位がわからない

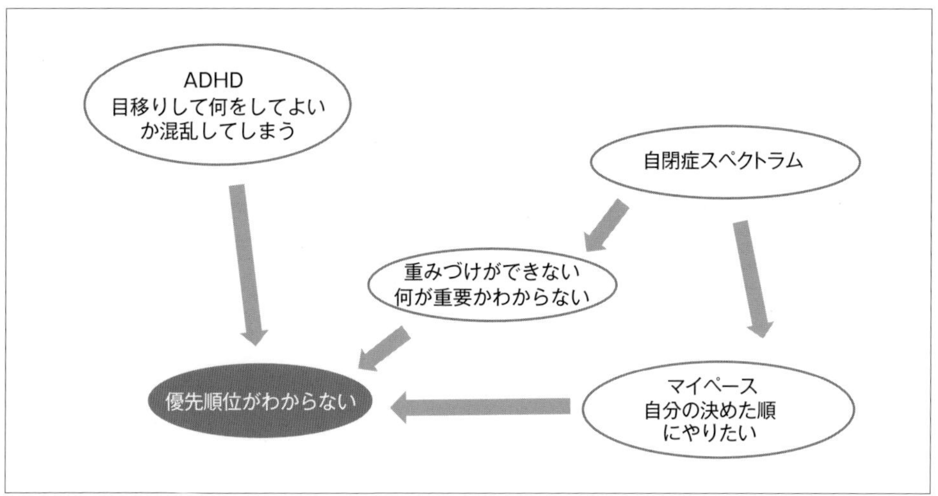

図16　集団行動ができない

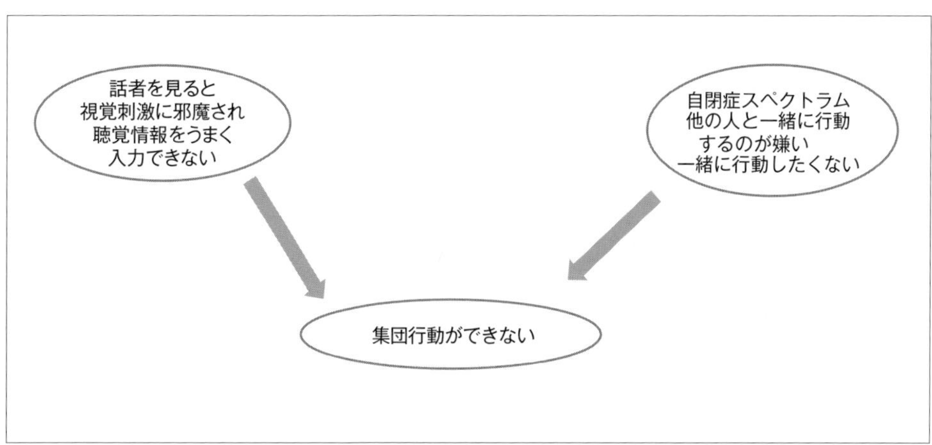

これらから言えることは、一つの現象でも、このようにさまざまな背景があるということです。つまり、

☆原因は一つではありません。

☆これ以外にも何かあるかもしれません。

☆発達障害は視覚優位と決めつけないでください。

☆状況の認知ができないのは自閉症スペクトラムのほか、知的障害の可能性もあるかもしれません。

背景がだいたいわかったら、次は支援方法を考えましょう。

どんな支援方法があるか

表18　現場でできる支援方法

• 視覚化、あるいは聴覚化 • 明確な合図、目印。最初と最後・ゴールの明示 • スケジュール、流れ、時間割の視覚化 • シンプルな指示、数字、具体的な内容を提示 • ステップアップ • 適切なフィードバック • 刺激の統制（よけいな刺激の排除） • お手本、マニュアル、ガイドラインの提示 • 避難場所・休憩場所の設置、クールダウン場所の設置 • ロードマップ・工程表の提示 • 案内板の設置・案内の表示 • ルールお約束ごと、枠を作る • 作文・感想文が書けない→型・フォーマット・テンプレートを用意 • スムースな行動のために導線を考える • イベントは事前の説明（視覚的に）	• 答えやすいように選択肢を提示する（オープンクエスチョンではなく） • 対人場面で介入して感情の言葉の代弁をする • 時計、タイマー、チャイム • なぜそうしなければいけないのかについて理由、目的を説明 • マス目のノート • 書　写 • 本読みの時に定規を使う • 分かち書き・レイアウトの工夫 • まめなコーチング • ICT. Information and communication technology • 電卓、パソコン・タブレットの使用 • DAISY.（Digital Accessible information system）・オーディオブック • スケジュールアプリ、リマインダーアプリの利用 • ブランカー*、衝立の利用 • 座席を考慮（視聴覚の統制、空調などの点で）

★座席を考慮（視聴覚・気温などの点で）

＊ブランカー：遮眼帯のこと。競馬などで、馬の視野を制限するための道具。ブラインダー（blinders）ともいう。

❶ 合理的配慮

2006年12月13日に第61回国連総会において採択された障害者権利条約(Convention on the Rights of Persons with Disabilities／あらゆる障害者〈身体障害、知的障害および精神障害等〉の、尊厳と権利を保障するための条約）というものがありますが、日本は2014年１月20日に批准しています。この中の国連憲章に「合理的配慮」があり以下のように定義されています。

「合理的配慮」とは障害のある人が他の人同様の人権と基本的自由を享受できるように、物事の本質を変えてしまったり、多大な負担を強いたりしない限りにおいて、配慮や調整を行うことである。

これを受け、2016年４月から、障害者差別解消法が施行され、同法により公立学校では合理的配慮が義務付けられ、私立学校でも努力義務とされました。

具体的な対応は文部科学省のホームページなどにも記載されていますが、前ページの**表18**のようなことがあります。

ここで「物事の本質を変えてしまったり、多大な負担を強いたりしない限りにおいて」という文言は特別扱いをすることではないという意味になります。すなわち「魚を与えるのではなく、魚の釣り方を教える。釣りの仕方は教えるが、魚は与えず」ということです。

感想文が書けないからと言って、「感想文は免除」ということではなく、感想文が書けるようなフォーマットを作り、テンプレートを教えることです。今、ここだけを切り抜けられるようにではなく、その人が一生困らないようにという視点が大事なのです。また合理的配慮は本人たちが生理的に持っている適応しにくい特性にフォーカスし対策をとることが基本です。

図15　合理的配慮とは

❷ 構造化

TEACCH*などで言われている構造化は、自閉症スペクトラムの認知特性にフォーカスし、生活しやすい環境をデザインすることです。しかし、自閉症スペクトラムに限らず、すべての人間にとって構造化された物理的空間は住みやすいと言えます。

身近でその最たるものは、道路です。まず道路交通法というお約束事があり、安全にスムースに人も車も交通できるようにわかりやすい表示、計算された合図などを視覚刺激や聴覚刺激、そのほか触覚（点字ブロック）でもデザインしています。

表示のロゴや色彩（紺地に白など）は視認性の高いものをエビデンスに基づいて採用しています。

信号の色彩も人の筋肉運動の傾向（人は赤色照明下でライトトーナス値が高く筋肉運動が速くなります）を利用して決めているのです。

危ない場所では道路が狭く見えるようなペイントをしています。それらを手本に住まいや教室を考えればよいということです。

＊TEACCH：Treatment and Education of Autistic and related Communication handicapped Childrenのそれぞれの頭文字をとった略称で、「自閉症及び関連するコミュニケーション障害をもつ子どもたちのための治療と教育」という意味

❸ 刺激の統制

余分な刺激を少なくしたり、注目させたい刺激を強くすることは、集中力、コントロール力を高めるのに大変効果があります。余分な刺激を少なくしたり、注目させたい刺激を強くすること、すなわち統制することは、構造化の場合でもメインの要素になります。

事例

ある障害者施設での散歩の話を聞いたことがあります。知的障害で自閉傾向のある子どもたちが多く入所している施設で、運動のために週に何日か山を散策するそうですが、その様子は散策というよりはマラソンだということです。本当は山をのんびり散策したいところですが、そんなことをしようものなら、彼らはあたりの様々なものに注意がいき、立ち止まったり、しゃがんで虫を触ったり、横道にそれたり、谷から転げ落ちたり、木にぶつかったりし、皆、山のあちこちに雲散霧消して迷子になってしまい、最後、誰も施設には戻ってこないだろう、と職員は言っていました。

そこで、その施設では安全・無事に皆が施設に戻れるような散策として、次のような工夫をしています。入所者を一列に並ばせて先頭と中ほどと最後尾に職員が付きます。そして、出発と同時に、最後尾の職員は入所者が立ち止まらないような早歩きのスピードで、どんどん後ろから追い立てるように進ませます。そうすると、散策は一人の脱落者も出さずアッという間に無事に終わります。要は速い速度で歩かせれば、彼らは動体視力がよくないので、周囲の物や足元の物がはっきり見えません。前しか見えないようにしていくことで、いつも無事な散策ができるのだということでした。

事例

ADHDの主婦は、冷蔵庫にマヨネーズを取りに行くとき、決まっていつも冷蔵庫まで行きつけないか、行きついても何の用事か忘れていると言っていました。冷蔵庫までの道のりには、途中に洗濯物があり、ついそれをたたみ始めてしまうとか、横にあるテレビの画面を見てしまうとか、目についた電池切れのリモコンの裏蓋を外してしまうとか…。このような状況なので、やっと、冷蔵庫の前に着いても、「なんだっけ？」となってしまうわけです。

そこで、ある日、(事件の犯人などがかぶっている)目出し帽を家の中でかぶってみました。すると視野が狭くなって、前方の冷蔵庫しか見えないので、すぐに冷蔵庫に行け、すぐなので用事も忘れず、マヨネーズを取ってこられた、と嬉しそうに話していました。

事例

保育園ではほぼ毎日、午前中、近くの公園に行きます。しかし、その時、職員は緊張します。2人ずつ手をつながせて道路の端を歩かせるのですが、ちゃんと手をつなげるか、2人ずつの列がまあまあの状態のまま公園まで行けるか、飛び出したり横道にそれたり、歩かなくなる子どもがいないか、途中、けんかにならないかなど、さまざまなリスクが想定されるからです。

だいたい問題を起こす子どもはいつも決まっています。O君はいつも道路に落ちているごみや石、よその家の生垣、看板、店先の商品などにいちいちひっかかって前に進めません。手をつないだまま、相手の子どもも引っ張って、自分の興味のあるものの方へ行ってしまいます。ある時、引っ張られた子どもが躓いて転んでしまいました。そこで保育士の先生は、公園に行くとき、O君の頭にタオルをかけ、両脇の視野がさえぎられるように顔の横にタオルをたらしてみました。その結果はすばらしいものでした。O君はまったく寄り道せず、公園まで行けたのです。

支援のポイント 刺激を絞る

学校で黒板周りは重要です。

黒板周りにカラフルな特に光物の掲示物を貼ったり、風でひらひらするようなものがあったりすると、注意は黒板からそれらにそれてしまいがちなのは言うまでもありません。また、特に動くものには、動物である私たち人間は本能的に反応します。パソコンのインターネットの画面によく動く広告がありますが、クリックしやすいように私たちを誘っているのです。

この現象に一番引っかかりやすいのは、ADHDです。

ADHDはゲーム依存になりやすいこともわかっていますが、彼らのもっている制御できない衝動性、いったん進んだら止まれない行動特性などにより、環境に大きく影響されます。

特に視線の先がポイントです。どこに視線が誘導されるかで彼らの行動は決まります。したがって逆にポインターで視線を誘導し、良いパフォーマンスを促すこともできます。

読字障害の原因に、視線の方向の定まりにくさがあることがありますが、その場合、指で字を追う、表などを見るときには定規を使うことなどでかなり改善することがあります。

また、視覚優位の発達障害者だけではなく、すべての人に言えることですが、机回りを片付けること、隣の人が見えないように囲いをつくること、周囲が見えないようにするブランカーを付けること（これは競馬馬ですが）などで集中力が増します。

聴覚過敏に対しては、座席を中央にしない配慮は必須です。

これは本人たちがよく言いますが、我慢がならないほどつらいそうです。なんらかの対策は合理的配慮として必要です。最近はヘッドホーン、便利な耳栓などもあるようですが、簡単な方法として耳殻を手で覆ったり（いわゆる耳ふさぎ）向きを変えるだけでも楽になります。

事例

クリニックの自閉症スペクトラムの患者さんは、カウンセラーと話すとき必ず目を閉じていました。いつも閉じるので、カウンセラーはそんなにカウンセラーの顔を見たくないのかと半ばムッとしていましたが、ある時思い切って患者さんに聞いてみました。

すると「先生の顔を見ていると、白髪やシミなどいろいろなものが見えて話していることがわからなくなったり、聴いていることが入ってこないので、目を閉じているのです」という返事が返ってきました。

なるほど、彼の言うとおりです。大事なことをラジオなどで聴くとき、聴き漏らすまいと思えば、人は目を閉じ耳を傾け（物理的にも）ます。目を見開いてラジオを睨んで聴くより、よほど聴きやすいのです。

視覚情報をカットすれば、聴覚情報はよく入ります。考えれば当たり前の原理です。

小学校や保育園、幼稚園では「はい、これから大事な話をします。皆さん、先生を見てください」とか言いますが、あれは間違いということになります。正確に言えば、聴覚刺激だけでなく視覚刺激でも先生は子どもたちに伝えようとしているので、「こちらを見て」ということになるとは思いますが、発達障害の傾向があれば、やはり刺激は絞ったほうが入りやすいでしょう。

授業中、横を向いていわゆる態度のよくない生徒が意外にも話をきちんと聴いていることが多いのも、こういう事情があるのでしょう。人を見かけで判断しないことが重要です。

④感情のコントロール

共　感

何か良くないことが起きた時、人はマイナス感情を抱きます。しかしそのマイナス感情はよく観察すると、嫌なことが起きた直後には弱いマイナス感情（悲しい、さみしい、情けない、心細い、心配、不安、…）でその感情だけだと自分を守れないとき、強いマイナス感情（怒り、恨みなど）に変化し、自己防衛的に外部へ向かうエネルギーになることがわかります。

体質によって、あるいは嫌なことの経験値が上がると、怒り方向へ脳の中でバイパスができ、すぐに怒りに火がつくこともありますが、怒りが全面的に出現していても、その陰に隠され、あるいはスキップされた弱いネガティブな感情があります。スキップされた弱いネガティブな感情は抑圧された形で残っているのです。

事例

「きもい」と言われ、小学５年生のＥ君は「あいつら、許さない!!」と怒っていました。「ぶっ殺してやる!!」とも言っていました。それを聞いて先生が「そうか、それはつらかったな、そんなこと言われて悲しかったな」と言ったのです。Ｅ君は、その先生の顔をぽかんとした表情で見ていましたが、突然泣き出しました。怒りが悲しみに戻った瞬間でした。怒りは消え、悲しみは先生の共感的なことばで小さくなりました。

事例

自閉症スペクトラムの40代男性のカウンセリングで、男性はいつも自分を理解しない上司の悪口ばかり言い、怒っていました。よく聞くと明らかに男性の被害妄想が大部分であったため、カウンセラーは、その認知の歪みを是正すべくカウンセリングをしていましたが、一向に上司に対する怒りがとれません。そこで、カウンセラーはやり方を変え、どんなに男性の言うことが非現実的であっても訂正せず、男性の気持ちに寄り添うように言葉をかけました。すると、男性はわかってもらえたと嬉しそうに帰っていきました。認知の歪みを是正する前に、共感的な心理的支援が優先です。

事例から学ぶこと **共感のポイントは、怒りではなく、その手前の弱いマイナス感情へ**

共感は発達障害の人だけではなくすべての人に必要なことです。共感はその人自身を認めることにつながります。大事なことは、共感するとき、コミットするポイントが怒りや恨みではなく、その手前の弱いマイナス感情だということです。そこを救わなければ、本当の救済はできません。弱いマイナス感情は心が傷ついたその人自身への手当となりますが、怒りへのアプローチは傷ついたその人自身を救うことにはなりません。

また、怒りや恨みへの共感は「先生が殴っていいって言った」という誤解にもなりかねませんので、決して怒りや恨みへフォーカスしないことが大切です。

さらに、特に話を聞く際、安易にうなずくと、自閉症スペクトラムの人は、非言語のコミュニケーションがわからないことがありますので、怒りやゆがんだ認知にこちらが同意したと受け取ることもあるので、注意が必要です。

事例から学ぶこと **「他者に対する共感性は低いが、自分が共感してもらったときにはわかる」を知る**

自閉症スペクトラムの人の場合、共感性が低いということがありますので、つい周囲からも共感することを忘れてしまい、諌めたり、説明したりしがちになりますが、彼らも実は自分の気持ちをわかってほしいといつも思っているのです。他者に対する共感性は低いですが、自分が共感してもらった時にはわかるのです。

図16　共感するポイント

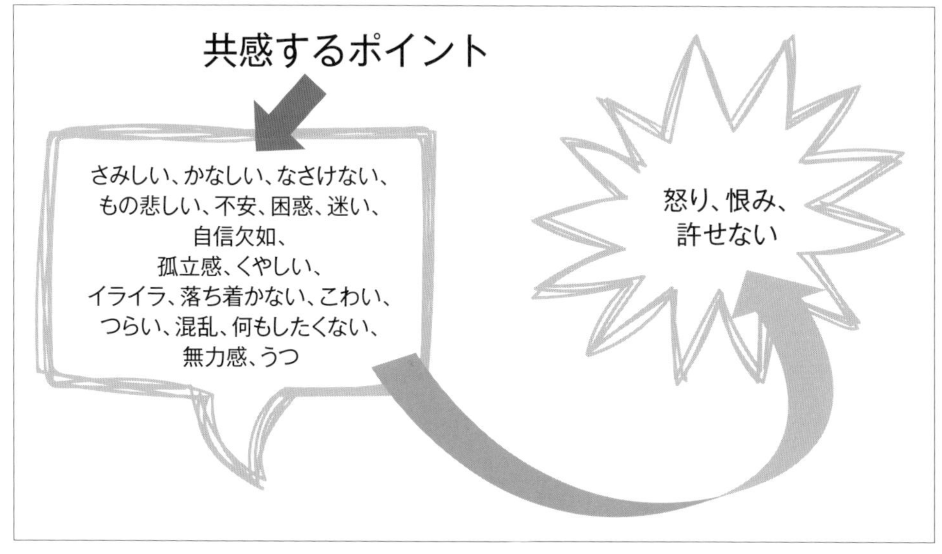

アンガーマネジメント

この共感のほか、怒りについてさまざまなストラテジー（方法）があります。

- **クールダウン**
- **6秒待って怒りの熱を冷ます**
- **本当に怒る価値があるか、怒った後どうなるか考える**
- **相手の立場を考えるように視点を変える（認知を変える、リフレーミング）**
- **そらし（別の刺激を入れる、別のことを考える）**

最後のそらしは、単純ですが、人が同時に2つのことを考えられないことから、かなり効果があるようです。（しろくま問題*）

違う刺激を入れるだけでも気分は変わります。冷たい感触、水や炭酸水を飲む、冷たい風に吹かれる、興奮しない程度に体を動かす（身体のリズミカルな左右の運動による身体刺激。例：EMDR*やタッピング）は、クールダウンに効果があります。いずれも、煮詰まっている脳をほぐす、脳の違う領域を活性化させるということでしょうか。

＊しろくま問題　1987年にウェクター博士が提唱した皮肉過程理論、人の脳は「……を考えてはいけない」という命令はきけない。又、一度に2つのことも考えることはできない。

＊EMDR（Eye Movement Desensitization and Reprocessing）：眼球を左右に動かすことによる、トラウマの治療法

クールダウン

★パニックを起こしたときのクールダウンのコツ

①場所を変える（視界を変え、パニックの原因になったものを見せないようにする。頭の中身は90％が視覚情報なので、見えるものを変えると切り替えやすくなる）。

②刺激しない。「落ち着いて」とか腕を押さえるなど決してしない。一人で落ち着かせる（本人には本人のペースがあり、外部の刺激は本人が冷静になるプロセスを阻害することが多い）。

③ある程度の時間が経ったら、「給食だからいらっしゃい」などと呼ぶ、あるいは最初から「7分たったら来なさい。待ってるよ」とタイマーを渡すなど。

★「どうする？　来る？　来ない？」など、本人が判断に困るようなことは言わず、コマンドを出す。

事例 クールダウン

ある自閉症スペクトラム症の少年は、時々授業中パニックを起こします。

小学校には彼専用のクールダウン部屋があり、そこには彼の大好きな昆虫の図鑑が何冊も置かれ、カーペットが敷きつめられていました。ギャーとなったら、彼はこの部屋に入れられました。そして彼はそこで寝転がって大好きな昆虫の本をその後ずっと眺めていられたので、すぐに機嫌を直すことができましたが、帰りの会までこの部屋から出てきませんでした。

機嫌が直るのだからあの部屋は「効果的」と小学校は思っていましたが、パニックはまったく減りませんでした。実は彼が学んだことは、パニックを起こせばあの大好きな部屋に行けるということだったのです。

中学校に上がり、天国のような部屋はありませんでしたが、パニックを起こしたときは「多目的室」という空き教室に入れられ放置されましたが、授業に出ずそこで好きなことをしていられました。おかげで機嫌はすぐに直りましたが、やはりパニックはなくなりませんでした。

高校に上がり、やはり授業中パニックを起こしました。しかし、高校では小学校や中学校のような対応は許されませんでした。授業中、教室を離れると授業離脱になり欠課扱いで単位が取れなくなるのです。ここで初めて彼と教師とスクールカウンセラーを交えての相談になりました。

結果、トイレで５分退避をする、という案が決まりました。これなら欠課にならず、将来的にも困らないだろうということでした。トイレなら、大学にも駅にも会社にもあります。

彼は将来も使える対策方法を手に入れたのです。もし、パニックを起こし授業から抜けても彼だけ単位がもらえるということでしたら、公平性は著しく欠け、彼は皆に疎まれたうえ、一生、クールダウン部屋を必要としたことでしょう。

そらし

保育園などで一番困る「こだわり」や興奮状態での乱暴行為の対策として、本人への説明は無駄になることが多いようです。

また、特に、問題行動が進行中の時は以下のことに注意が必要です。

- **禁止の命令をしない。否定語を使わない。**
- **他のことで気を紛らわせる。**
- **次のことを視覚化して示す**
- **こだわりの対象を視界から外す**

「ダメ」「やめなさい」「いけない」などの言葉は普段、子どもが聞きなれていて、その時の状況、その後の展開などで本人にとって良くないことが多いため、その良くないこととセットで記憶されています。そのために、条件反射のようにその言葉を聞くだけで抵抗してしまうのです。

以前、「暴れまくっている子どもにどのように対応すればよいか」というテーマで、職員にロールプレーを通しての研修を行ないました。さまざまな言葉をかけられた時の気持ちなどを踏まえ、どの声がけが効果的かを調べたのですが、その結果、禁止の命令「やめろ！」「ダメ！」は、「もっとやってやれ！」につながり、逆効果であるばかりでなく説明も説得も効果がないことがわかりました。その一方で、まったく異なる話題での声がけが唯一効果的だということがわかりました。

「まったく異なる話題での声がけ」というのは、「○○ちゃん、これ手伝って！」とか「今からボールで遊ぶよ」などですが、これは次の行動を示すということも含まれます。要は頭の中を占めている現在の考えや行動を切り替えるきっかけを外部から入れているということなのです。違うことを考えさせれば、違うことに気持ちがいき、切り替えやすくなるということです。

「もう、お砂遊びはおしまい!!」と言うより「お着換えですよ」と目の前で着替えのズボンをひらひらさせる、おやつを見せるなど、視覚刺激で次の行動を示せば、自閉症スペクトラムの視覚優位の子どもにはよりわかりやすいでしょう。逆に、こだわりの対象を視界から外すことも必要です。喧嘩をしているとき、相手を視界から外す、気になる水場、おもちゃ、ゲームなどを最初から見せないように布や紙で覆うなどの工夫も悪くないでしょう。

このからくりを逆にしているのがマーケット戦略です。とにかく商品を見せる、目に触れさせる作戦です。見ればほしくなるのです。

事例 そらし

授業中「ぶっ殺す」と物騒なことをブツブツ言っている中学３年生の自閉症と診断された男子。その男子の筆箱には千枚通しのようなものも入っています。彼は同級生の女子の後をつけたり、校庭で体育をしているその女子を、手を望遠鏡にしてずっと見ていたりするので「ストーカー」とも言われていました。

心配する担任に言われ、彼は昼時間にスクールカウンセラーに会うことになりました。カウンセラーは彼とお弁当を食べながら話を聞きましたが、思いがけず彼の話は失恋話でした。

「テニス部の部活中、僕がコートの端に居たら○○さんと△△君が僕に××と言って…」と彼の話は微に入り細にうがった話でしたが、尋ねるとなんと１年半前の話でした。自閉症らしい過去の正確な記憶でした。

（ここでカウンセラーはカタルシスを狙い、彼に話をさせるという失敗をしてしまいました）

話は自閉症スペクトラム特有の、「山なし、落ちなし」の、だらだら続く話でしたが、彼は次々と彼女とどのような事があったかを話し続けました。すると、話すほどにどんどん顔が紅潮し鼻息も荒くなってきたのです。カウンセラーはまずいと思い、すぐに話を止めようとしましたが、止めようにも止められず、その結果、ついに彼は興奮して未だお弁当を食べ終わっていないにもかかわらず、持っているお箸をボキンと両手で折ってしまったのです。「僕は許せない!!」彼はそう叫びました。

（カウンセラーは焦りました。怖いと思いました）

彼は170cmを優に超える大きな男子で力も強そうで、何かあっても絶対に女性のカウンセラーには太刀打ちできない相手なのは明白でした。

カウンセラーは「何でも良い、とにかくクールダウン、クールダウン」と思い、彼の意識をそらすため別の話題を片っ端から話ました。彼の得意な英語、彼の好きなパソコン、住んでいるマンション、親御さんの商売、近所のコンビニなど、何でもよい。とにかく、そらさなければ!!

矢継ぎ早に関係のない話題をだすうちに、ようやく彼の顔の色が赤から黄色になり、ふだんの顔色になるまでもっていくことができました。

事例から学ぶこと 「障害」の特徴を見極めて対応する

一般的には嫌なことがあった後は、誰かに話を聞いてもらい共感的受容的対応でカタルシス効果が得られ、気持ちが楽になっていくことが多いのですが、今回は話すことでフラッシュバックを起こさせてしまったのです。

自閉症スペクトラムの場合、記憶のメカニズムが異なるので、デブリーフィング（トラウマティックな体験後、その体験を詳述する治療法）のように出来事を語ってもらうことはフラッシュバックを伴うことがあり、かえって危険なので、「そらし」のほうが無難と言えるでしょう。

お守り

すぐイライラしてカーっとなる中学生男子に、「そうなったらこれを見るんだよ、お守りだよ、これを見るとスーッと怒りが消えるよ」と言って暗示にかけて、その中学生が大好きなアニメキャラの写真カードを渡したスクールカウンセラーがいましたが、結構、効果があったということです。

外在化――子どもがイライラしているときに

「いらいら虫さんがまたイライラしているね。一緒にいらいら虫さんに負けないようにがんばろう。一緒に退治しよう!!」と言うと、子ども自身を叱らないで、モニタリングをさせることができ、また子どもを支援する姿勢で子どもに向き合えます。

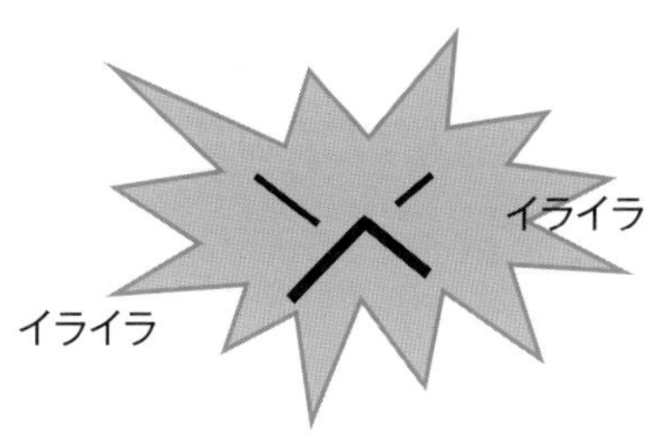

❺ 行動のコントロール

先手打ち

事例

小学３年生のADHDのＲ君はすぐ物を投げる癖があります。持ったら投げたくなるのです。あるとき先生と魚の水槽を掃除しているとき、底に敷き詰められた砂利を洗おうと手にしましたが、その時、察しのよい先生は「Ｒ君なら砂利を投げたりしないよね」と言ったのです。

しかし実際その時には、Ｒ君はすでに一掴みの砂利を床に投げていたのですが、先生は決して叱らず「投げないよね」と繰り返しました。するとＲ君は床に散らばった砂利をおとなしく拾い始めました。

事例

保育園で自閉症スペクトラムのＴ君はいつものように他児のことでぷんぷんに怒っていました。しかし、先生は「Ｔ君なら我慢できるよね」と言いました。すると「ぼく、我慢しているんだ」とＴ君はその場を収めることができました。

このような言葉は本人たちの良い面を信じている言葉です。先手打ちは本人の気持ちを傷つけずに、自己統制を促すやり方です。

この声がけも「投げちゃだめよ！」「我慢しなさい」などと言うと、本人たちは、“ご期待どおり”投げる、怒るになるでしょう。禁止の命令は本人の自己否定を強め、自尊感情を減じることになるのです。

「絶対いや！」に効くステップアップ――工程表

「絶対いや！」――自閉症スペクトラムの人びとはよくこう言います。対象は野菜、学校、体育、本人が敵だと思っている「あの子」などですが、イメージングの不得意さや、知覚過敏、時間の流れの感覚がピンとこないための見通しの悪さ、被害的認知などで「絶対いや」となる場合が多いように思われます。

最初のステップは「必ずできるところ」に

対象が人物の場合は難しいですが、偏食、不登校、授業への不参加などでは、ステップアップで減感作を利用して馴化を促しうまくいくことがあります。

当然ですが、基本的に最初のステップは「必ずできるところ」にもっていきます。最初のステップを決めるために「不安階層表」のように「嫌なこと階層表」を作ります。何がそれをすることを妨げているか、友達か、先生か、場所か、内容かを本人と話し合いながら聞いていくのです。そして一番やりにくくないものを最初の一歩にします。

不登校の場合、「○月○日○時○分、玄関から３歩出る」というように綿密に具体的に決めていきます。この時にざっくりではだめで時間、場所、内容を具体的にすることが大事です。そして段階を踏んでいくように工程表を作ります。これは視覚化する作業です。視覚化しないとピンときません。途中でできなかったことを考え、保険もつけます。「もしこれができなかったときは△△しよう」というように。本人が安心できるように、そして事がやり遂げられていくように作っていきます。

偏食の場合は、初めは人参を見るだけ、次に一舐めするだけ、次に小さいかけらを口にいれ他のものと一緒に食べるなどとステップを上げていきます。

「どこまで」というエンドを具体的に示す

もう一つのコツは「どこまで」というエンドを具体的に示すことです。嫌なことはリミットがあれば耐えられますが、終わりが見えなければちょっと嫌なことでも耐えられません。5分、３時までなどと、どこまで我慢すればよいかを明示するのです。実際にこれを行なう時の注意として、次の段階までできそうでも、最初に決めたところまでしかやらないことです。

「今日は調子がよさそうだから、教室まで行ってみる？」――これは裏切りで詐欺です。この一言でおじゃんになった経験は多くの人が味わっているはずです。

表19　体育の授業に出られるようにするために（例）

①体育の授業に出ることの大切さ、あるいは授業の単位の説明をする

②なぜ、体育の授業に参加できないのか考える

③上の②の出られない理由を克服するには何が必要か話し合う

④時間を区切って、できるものからチャレンジする

⑤徐々に時間を長くしていく

⑥完全に皆と一緒に参加できるようにする

☆ポイント

- 本人の不安の軽減を重視
- 見通しを立てられるように工夫する
- 他の生徒に理解・協力してもらう

図17　スッテプアップ表（例）

ステップアップ

- 不安の除去
- 不安階層表
- 明確な見通し（数値化）
- 工程表の作成

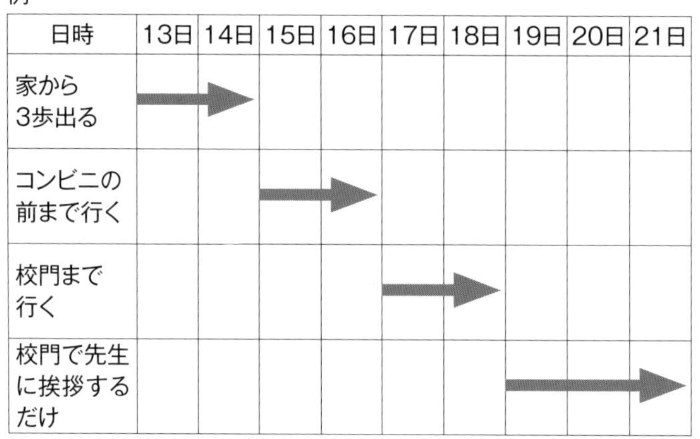

例

日時	13日	14日	15日	16日	17日	18日	19日	20日	21日
家から3歩出る									
コンビニの前まで行く									
校門まで行く									
校門で先生に挨拶するだけ									

表20　ソーシャルスキルトレーニング（SST）

☆ADHAやマイペースな自閉症スペクトラムには一つずつそのつど指示を出すと、行動しやすくなります

例:お遊びからお弁当の時間にかけて

①お遊びから帰ったら、水道で手を洗います
②タオル掛けのところに行き、自分のタオルで手を拭きます。
③教室に戻ります。
④自分のロッカーからお弁当を出します。
⑤自分の席にお弁当を持って行きます。
⑥席に座りナプキンをひろげます。
⑦お弁当を置きます。
⑧………
⑨……

⑥ソーシャルスキルトレーニング

日常生活でありがちな対人場面を設定し、その時のふるまい方でよい例と悪い例をみて学ぶというのが、わかりやすいでしょう。挨拶、謝罪のしかた、声のかけ方…どれも実はたいへん難しいです。普通定型発達の人はそれをいとも簡単に無意識にやってのけます。直観的にこの場面はこう、というイメージがあるからですが、それがない自閉症スペクトラムは、そのたびごとに、いちいち頭で考えながらやらないとできないのです。自閉症スペクトラムの人の多くは、定型発達の人とは全く別の方法、即ち、対人関係場面でのソーシャルスキルをこのように理屈で考え、パターンを学習するという方法で学んでいるのです。

しかし、回を重ねればパターンで覚えていきますが、微妙に異なる場面や、あるニュアンスが加わるときなどは、覚えたワンパターンは役に立たず、不適切な行動を選択することも少なくありません。ですから様々な状況下での適切な対応を、頭の中にストックにしていくことが必要なのです。

表20　ソーシャルスキルトレーニング（SST）

怒りのコントロール	ポイント
❶インストラクション なぜ怒りのコントロールが大切かを説明 不適切な行動の結果を話し合う ❷スイッチを探す どういうときに、怒りを感じるか ❸そのときは、どうなるか ドキドキする、何も考えられなくなる…etc. ❹怒りのレベルはどのくらい？（数値化する） ❺どうすれば、その状態を変えられるか 10数える、トイレに行く…etc. ❻失敗例の提示（職員が行なう） ❼ロールプレー ❽模範演技 ❾実生活での実践	★❶❷❸❹はできるだけ本人に言ってもらう ★常にフィードバックをする 「よく気が付いたね」「今のいいよ」「頑張っているね」など ★実際にできなくても責めない

指示、教示、話し方

発達障害の人の特性を考え、できるだけコミュニケーションで齟齬が出ないようにするためには、周囲がどのように対応するかが大きなカギになります。

★コツ★

①ゆっくり話す

②センテンスは短く、内容は一つのセンテンスに一つ。一度に多くの情報を盛り込まない

③自閉症スペクトラムにはオープンクエスチョンで尋ねない。選択肢を２～３提示し選ばせる

④否定語はあまり使わない

⑤具体的に伝える。数字で示す。抽象的な表現は避ける

⑥言葉を端折らない。主語を省かない

⑦マニュアル、取り扱い説明書のように説明する

⑧非言語のコミュニケーションではなく、ことばで説明する

⑨無理に視線を合させない

事例

報告書が出せない、遅刻する、事務所の鍵をなくす、忖度できない、顧客から態度が悪いとクレームがつく、休み時間に職場の人と世間話を和やかにできないなどの課題を持つ新入社員がいました。学歴は華々しいのになぜ？と、上司はいつも彼にイライラしていました。

彼の自主性を考え、わかっているだろうことは敢えて言わず、説明は丁寧に例え話をまじえ、仕事が終わった後に時間をとって和むように居酒屋で話をするようにしていました。

しかし、状況は一向に改善されませんでした。

次の年、彼は転勤になりました。転勤先でもさぞ困っているだろうと元の上司が連絡したところ、全く問題がないというのです。新しい上司と話しているうち、どうしてなのか原因がわかりました。新しい上司は体育会系で良くも悪くも単純なタイプでした。その場、その時に明確な指示、言葉は短い、暗黙の了解も一応説明する、しなくても良いことは要求しない（例えば世間話）、静かなところで本人に話すなど、元の上司と全く対応が異なったのです。対応が少し違うだけで、彼にとっては大変わかりやすく、適応が良くなったということでした。

心理教育の重要性――二次障害を防ぐために

発達障害の心理教育とは、

①自分がどういう状態であるのかを客観的に把握し、

②それがなぜ起こっているかのメカニズムを知り、

③今後どのような経過をたどるのか、あるいはどのようなことが起こりやすいのかを学び、

④良くないことが想定される場合、それを予防するにはどのような方策があるか、良くないことを乗り越えるのにどのような方法があるか、などを見つけることです。

自己理解（モニタリング）➡ 自己受容 ➡ 方策、方法（ストラテジー）

❶ 心理教育は診断ではない

心理教育は診断することとは異なります。診断名を言わずとも、本人へ本人の状態を客観的、中立的に伝え、それは本人が悪いのではなく、そのような特徴をもともと体質的にもっていることを説明します。そして、そのような特徴があるとどのようなことが起きやすいかも理解してもらいます。これには良い側面も悪い側面もあるでしょう。

悪い側面に対しては、それをできるだけ防ぐ方法、そして、もし悪い側面が出てしまったらどうすればよいかの対処方法などを本人のできる範囲で考えます。

モニタリングのコツ
★決して叱らない
★現象を中立的に言う
　○○ちゃんは、いつもよく動いているね。
　今、お口が動いているのは○△さんだけみたいだよ。
　いつも悪口を言われているような気持ちになるんだね。
　どうして？と言われると、どう答えてよいか困る事が多いようだね。
　もし…と言われてもイメージしにくいんだね。

【例：単純化した心理教育】

☆夜のほうが○○さんは機嫌がよさそうですね。昼と朝はどうですか？

朝が、一番気分がすぐれないのですね。そんなとき、イライラしませんか？（モニタリング）

先日もひょっとしてその機嫌が関係していたということはないですが？（メカニズム）

社会の時間がいやというより、単なる機嫌の問題かもしれませんね。（原因）

☆朝、機嫌のよくないのはいつ頃からですか？

小さいころから朝は苦手？　朝、目覚めが良くないですか？（モニタリング）

これは体質かもしれませんね。

目覚し運動とか目覚し動作をしてみてはどうですか？　これならできますよね。（方策）

❷ 心理教育は家族にも必要である

心理教育は家族に対しても必要です。しかし、特に母親に対してはさまざまな思いがあると思われますので、心理教育のやり方いかんでかえって母親を傷つけることもあるために注意が必要です。

以前、筆者は発達障害のお子さんを持ったある母親への心理教育で失敗したことがあります。

母親は子どもがこのようになったのは、私の育て方が悪いと大変自分を責めていました。そこで、その母親の自責感を和らげようと、発達障害は育て方とは関係のないことを説明しました。その後、その母親は二度と筆者の前に現われませんでした。後日、聞いた情報によると、筆者の面接でショックを受け立ち直れなかったからとのことでした。

母親は子どもの障害について、もし、子育て方法が悪いなら、自分の子育ての方法を変えれば子どもの障害はなくなると希望を持っていたのです。しかし、筆者がそこを真っ向から否定し、発達障害は生来的なものと言ったために、その一縷の望みが絶たれたというわけです。

❸ 本人、家族がどこまで受けられる状態かのチェックは欠かせない

心理教育をするときは、本人や家族がそれをどこまで受けられる状態かのチェックが欠かせません。一度にはっきりと全部告げることもありますが、子どもの年齢が低いときや、二次障害が重い場合、親御さんの抵抗が強そうな場合、小出しにします。保育園で親御さんにお話しするときは、まず小出しに状態だけを中立的に伝えますが、最初は長所を伝えます。

「○○さんはのんびり屋さんの感じですね。おっとりしているみたいですね。お家でもそうですか？　…みんながお外にお散歩に出かけようとしていたとき、○○さんは一人でお水をずっと触っていたんですよ。マイペースかな…」

一方、クリニックや相談室に自主的に来たケースには、こちらがわかったことをはっきり伝えます。

診断の告知は医療機関がしますが、家族、本人がレディー状態でないときもあります。

しかし、一度はっきり告げられていて、その時はそれを受け入れられなくても、次第に診断を消化していくことができます。

就学前、何か指摘され、受け入れられず、小学校で問題が明らかになり、それならばそれをなくそう（なおそう）と戦い、中学校でやはりそうかとショックを受け、その後、そうならばと、前向きに考え障害と向き合うことができるようになるのが理想です。難しいことですが…。

曖昧な診断や、グレー、ゆっくりなどの言葉は、親の姿勢を惑わします。親を傷つけないようにと親におもねるような表現は専門機関として避けるべきです。

❹ 心理教育の重要性を知る

心理教育が抜けている事例では、自ら心理教育をしていく人もいますが、二次障害が顕著となり、ますます障害受容ができず、社会や周囲のせいにしたり、まったく障害とは関係のないところにその原因を求めたりすることになります。その結果、しなくてもよい努力をし、してはいけない行動をすることにもなりかねません。

心理教育の有無で、その人の将来が変わると言っても過言ではありません。

事例

対人関係がいつもうまくいかないＡ子さんは、自分の顔がかわいくないから他人に嫌われるという思いに至りました。そう考えると、今までのいじめられ体験などはすべて辻褄が合います。そこで、美容整形をすることにしました。

しかし美容整形外科の医師は、Ａ子さんの希望を聞き、人並以上にきれいなＡ子さんの考えがおかしいことに気付き、精神科を紹介しました。

その精神科でＡ子さんは自閉症スペクトラムであることがわかり、どうして今まで対人関係での苦労が多かったのかなどの心理教育を受けました。

「やはり私はかわいくないから」という考えは強固でなかなか修正が難しいですが、Ａ子さんは今美容整形をしないように頑張っています。

7

発達障害の
周囲の人びとへの支援を

「発達障害」をもつ人が一人いると、周囲の人びとにさまざまな影響がでます。

まず、一緒にいると話が弾まない、しつこくされる、こちらの話を聞いてくれない、変なことを言われる、イラッとすることがある、図々しい、不潔なことがある、楽しくない、精神的に疲れる、お手伝いや指導で肉体的にも疲れる、ストレス、耐えられない…。周囲の人は悩みます。そして、その人をあまり好きになれない自分に気づきます。多くの人はここで「発達障害」をもつ人を受け入れられない自分に罪悪感を持ちます。そして罪悪感回避のために、その人を避けるようにもなります。

筆者が1995（平成7）年度（文部省研究委託事業初年度）にスクールカウンセラーをし始めたときの最初の相談者は、まさにこの悩みを持った中学2年生の女子でした。彼女たちが避けているSさんは今考えれば典型的な自閉症スペクトラムで、「これはいじめでしょうか、私たちは悪いことをしているのでしょうか」と彼女たちは悩んでいたのです。

彼女たちの気持ちはよくわかります。悩んで当然です。しかし難しい問題です。本人が避けられていることについて悩んでいることもわかりました。でも、いっしょにいると彼女たちの犠牲も大きいのです。「Sさんにお話してもわかってくれないんです」。彼女たちの言うとおり、Sさんにわかるように話すことは専門家でもかなり難しい作業です。結局、その当時、彼女たちの気持ちに共感的に寄り添うしかできませんでした。

図18　発達障害の傾向のある当事者をとりまく周囲の反応

発達障害の傾向を持つ当事者といっしょにいると

仕事で迷惑をこうむる、話が弾まない、つまらない、しつこい、
変なことを言ってくる、失礼、図々しい、持ち物を取られる、
汚い、面倒くさい

避ける、逃げる、話しかけられないようにする、
＝
無視、好きになれない、仲間はずれ？　いじめ？

罪悪感の出現

周囲の人びとは、我慢している、面倒を見ている、かばっている、尻ぬぐいしている、いじめられている、うんざりしている、恐怖を感じている、罪悪感がある、嫌悪感がある、無視している、避けている、いじめている、疲弊している…のです。

事例

ある中学校で職員室が異様な雰囲気に包まれていました。管理職は幽霊のように元気がなく、２年の職員集団は皆、干物のように疲弊していました。

聞くと、２年○組の担任はいつも仕事が間に合わず、他の職員がすべてカバーしているということでした。○組の保護者からもクレームが来ていましたが、その対応も担任がするとよけいにもめるので、担任をかばいつつ他の教師が受けていました。

連日の残業で皆の疲れはピークに達していましたが、唯一、当の担任は顔色もよく元気でした。他の教師が自分の尻ぬぐいをしていても一向にかまわず、自分のペースで動いていたからです。申し訳ないという気持ちもなさそうで、悪気もなさそうで晴れ晴れとした表情をしていました。それを見るにつけ、皆はなおいっそう元気がなくなっていくのでした。

事例

６年間のひきこもりから脱出した女性の場合。

26歳の女性は、母親と姉から今までずっと否定されてきました。あんたはおかしい、あんたの考え方は間違っている、あんたはわかっていない、などと言われてきたのです。その結果、自信をすっかりなくし、外出ができなくなってしまいました。

しかしある時テレビでアスペルガー障害の特集を見て、母親と姉がまさにこのアスペルガー障害であるということに気がつきました。「私は間違っていないかもしれない」「間違っているのはあの人たちかもしれない」――そう思った時、彼女に外に出る勇気が戻ってきました。そして6年ぶりに外出し精神科を受診したのでした。

1.「どうしてあの人はこうなんだろう？」という周囲へ

当の本人が生理的、体質的にある傾向を持っていることを示唆、だからさまざまな特性があり、このような不都合が起きる、本人はこれでも精一杯、悪気はない、努力してもできないことがある、しかし得意もあるなどということを心理教育する。

2.「私がおかしいの？」という周囲へ

皆さんがおかしいのではない。皆さんがこのような気持ちになるのは当然であることと、悪い気持ちを抱いてしまうことも自然で自分たちを責める必要はないことを説明する。

3. 周囲の人が孤立しないようコミュニケーションをよくし、悪口を言うのではないが自分たちの気持ちのシェアリングをすることの必要性を説く。

このような周囲へのケアをしないと、疲弊しやる気をなくし、無気力になり、組織を恨み、周囲の人びとがお互いに信頼関係を失っていくことになりかねません。

学級では子どもたちがこのような状態にならないよう、一人ひとりに声がけをすることが大切です。このとき「あの子は発達障害を持っているから、我慢して」ではもちろんなく、「いつも、我慢してくれてありがとう、気を使ってくれてありがとう」というねぎらいと感謝と、周囲の子どもたちを認めていく声がけが重要なのは言うまでもありません。そして、時には周囲の子どもの恨み節にも耳を傾けることが必要です。

周囲の人びとの救済なくして、「発達障害」をもつ本人の救済はあり得ません。

おわりに

発達障害の人の特徴から、社会への適応は簡単ではないことがわかります。そして、彼（彼女）らと周囲の人との摩擦も大きな問題なのです。彼（彼女）らはまたその適応の難しさゆえの心の傷もあり、認知も歪んでいることが多々あります。

これからの社会、さまざまな人びととの共存が課題ですが、お互いの違いを知り、お互いを理解し、お互いを尊重することが必要です。

最後に、発達障害の人びとに向き合う時、

- 彼（彼女）らはあれで精一杯
- 周囲の理解が大切 → 人的環境の重要性
- 疲れやすいけど頑張っている
- 混乱しながら生活している
- 診断名より現場での状態像をみる
- 将来を見据えた支援をする
- 世の中で通らない特別扱いはしない
- 理解することと、心情的に受け入れることは異なる
- 困ったときに彼（彼女）らが支援要請を出せるように条件を整える
- 共感的なアプローチをする
- 支援者としての寄り添いをする

これらのことを忘れないことが大切です。

【参考文献】

『ガイドブック　アスペルガー症候群』トニーアトウッド　富田真紀・内山登紀夫・鈴木正子 訳　東京書籍　1999年

『ADHDのすべて』ラッセルAバークレー　海輪由香子 訳　山田 寛 監修　VOICE　2004年（4刷　2000年1刷）

「学校におけるアスペルガー障害」ヴィヒャルト千佳こ『臨床精神医学』Vol.34 No.9　2005年 アークメディア

『ICD-10 』融 道男、中根充文、小見山 実 監訳　医学書院 1999年

『脳科学から学ぶ発達障害』宮崎雅仁　医学書院　2012年

『自閉症の脳を読み解く』テンプル・グランディン・リチャード・パネク　中尾ゆかり 訳　NHK出版　2014年

『ソーシャル・ストーリー・ブック』キャロル・グレー　服巻智子 監訳　クリエイツかもがわ　2007年（7刷　2005年初版）

「DSM-5 精神疾患の診断・統計マニュアル」医学書院　2014年

『自閉症スペクトラムへのソーシャルスキルプログラム』モーリーン・アーロンズ、テッサ・ギトゥンズ　飯塚直美 訳　スペクトラム出版社　2005年

『カプラン臨床精神医学テキスト　DSM-IV-TR診断基準の臨床への展開』サドック、ベンジャミン・J・サドック、バージニア・A・サドック　井上令一・四谷滋子 訳　メディカルサイエンスインターナショナル 2005年

『認知行動療法ガイドブック』ポール・スタラード　下山晴彦 訳　金剛出版　2008年

『子ども虐待という第四の発達障害』杉山登志郎　学研　2007年

『こころの科学　成人期の発達障害』171（2013年9月号）日本評論社

『LCSA学齢版』大伴潔・林安紀子他 編著　学苑社　2012年

『特別支援教育の理論と実践』特別支援教育士資格認定協会 編　竹田契一・上野一彦・花熊　曉 監修　金剛出版 2012年

『自閉症スペクトラム　10人に1人が抱える「生きづらさ」の正体』本田秀夫　ソフトバンク新書219　SBクリエイティブ　2013年

『発達障害が引き起こす二次障害へのケアとサポート』齊藤万比古　学研　2009年

『愛着と愛着障害』ビビアン・プライア、ダーニヤ・グレイサー　加藤和生 監訳　北大路書房　2008年

「特集：発達障害ベストプラクティス―子どもから大人まで」『精神科治療学』Vol.29増刊号（2014年10月）星和書店

「他人を映す脳の鏡」G.リゾラッティ、L.フォガッシ、V.ガレーゼ、「ミラーニューロンと自閉症　自閉症の原因に迫る」V.S.ラマチャンドラン、L.M.オバーマン『日経サイエンス〈特集〉ミラーニューロンと自閉症』(2007年2月号)

「脳から見た心の世界Part2」『別冊日経サイエンス』154（2006年12月発行）

「脳から見た心の世界Part3」『別冊日経サイエンス』159（2007年12月発行）

「心の成長と脳科学　01」『別冊日経サイエンス』193（2013年8月発行）

『ビジョントレーニング』北出勝也　図書文化社　2009年

著者：ヴィヒャルト　千佳こ（ヴィヒャルト ちかこ）

1954年兵庫県生まれ
臨床心理士
鶴が峰心理グループ代表責任者
精神科心理カウンセラー
南藤沢心理相談室主宰
精神科クリニック3箇所にて嘱託心理カウンセラー
保育園、幼稚園、学童保育への心理相談
1995（平成7）年より文部省委託スクールカウンセラー、2006（平成18）年から公立学校スクールカウンセラーに
1997（平成9）年からは私立高校スクールカウンセラーにも
神奈川県不登校訪問相談員スーパーバイザー歴任
横浜市スクールスーパーバイザー
茅ヶ崎市適応指導教室スーパーバイザー

「学校におけるアスペルガー障害」『臨床精神医学』Vol.34, No.9　1287〜1292
『児童心理』金子書房　2009年3月号　他、
「描画による心の診断」（日本文化科学社）、「月間生徒指導」（学事出版）、「保健婦雑誌」（医学書院）、「子どもと健康」（労働教育センター）、「神奈川新聞」等への執筆、講演活動多数

増補改訂　ヴィヒャルト 千佳こ先生と「発達障害」のある子どもたち

2022年2月25日　第１刷発行　定価2400円＋税
著　　者　ヴィヒャルト 千佳こ
企画・編集　Office2
組　　版　市川 貴俊
発　　行　柘植書房新社
印刷・製本　創栄図書印刷株式会社

ISBN978-4-8068-0756-8 C0037

改訂
おうちでできる
発達障害（つまずき）のある子の
子育て

「きらっと」たんの個別支援教室
丹野節子

実は
どの子にも
役に立つ

勇気づける
子育て

つげ書房新社

改訂　おうちでできる　発達障害（つまずき）のある子の子育て

丹野節子著／定価 2400 円 + 税
ISBN978-4-8068-0729-2 C0037 ¥2400E
アドラー心理学は、過去の原因を探りません。今ある力に「困難を乗り越える力」を与えて勇気づけ、自分から行動していく力を育てる、という考え方です。
（「改訂にあたって」より）

増補

アナフィラキシー

原因・治療・予防

角田　和彦 著
かくたこども＆アレルギークリニック

アレルギー反応の暴走！「アナフィラキシー」
その時どうする！ アナフィラキシーショック！
食物だけではないアナフィラキシー 環境にあふれるその因子
アナフィラキシーから身を守るために「生活術」を身につけよう！

柘植書房新社

増補　アナフィラキシー
原因・治療・予防

角田和彦著／定価 2200 円＋税
ISBN978-4-8068-0719-3 C0047 ¥2200E
・影響を与える様々な原因・物質を見つけ、極力さける
・何より大切なのは、日本人の体にあった食べ方・暮らし方を築く
・アナフィラキシーを予防・予測しての対策をとる
・子どもが持っておる能力を再断言発達・発揮できるように免疫（アレルギー）、内分泌、神経の健全な発達を促す

まんが　脱ステロイド入門
みんなの脱ステ日記

［作］ぬまじりよしみ［監修］佐藤健二／定価 1500 円＋税

ISBN978-4-8068-0758-2 C0095 ¥1500E

イギリスでは 2021 年 1 月に、国立湿疹協会とイギリス皮膚科学会が共同でステロイド離脱症候群（外用ステロイドを中止したときに生じる酷い症状のことです）について見解を発表しました。その中でステロイド使用中のアトピー性皮膚炎患者にとっては、ステロイド外用中止も一つの治療法であることを認めました。外用ステロイドが皮膚を悪化させたことを承認し、脱ステが治療法として認められはじめた、ということです。（はじめにより）